Faut-il légaliser le cannabis ?

pour les nuls

Renaud Colson et Henri Bergeron

Faut-il légaliser le cannabis ?

pour les nuls

FIRST
ÉDITIONS

Faut-il légaliser le cannabis ?

ISBN : 978-2-412-05294-5
Dépôt légal : mai 2021
Imprimé en France par Laballery - 104067

Correction : Anne-Lise Martin
Index : Céline Dutt
Maquette : Stéphane Angot

Éditions First, un département d'Édi8
92, avenue de France
75013 Paris – France
Tél. : 01-44-16-09-00
Fax : 01-44-16-09-01
E-mail : firstinfo@efirst.com
Internet : www.pourlesnuls.fr

À propos des auteurs

Renaud Colson est maître de conférences à l'université de Nantes et membre du laboratoire Droit et Changement Social (UMR CNRS 6297). Il a travaillé en qualité de *British Academy visiting fellow* à l'université de Cardiff, de *Marie Curie fellow* à l'Institut universitaire européen (Florence), et de chercheur invité à l'université Jawaharlal Nehru (New Delhi), à l'Institut universitaire sur les dépendances (Montréal), et à l'Institut Max Planck pour l'étude de la criminalité, de la sécurité et du droit (Fribourg-en-Brisgau). Ses recherches portent sur le droit pénal comparé, l'histoire de la criminologie, et la politique des drogues.

Henri Bergeron est directeur de recherche au CNRS et membre du Centre de sociologie des organisations. Il est coordinateur scientifique de la Chaire santé de Sciences Po, directeur du programme Santé du Laboratoire interdisciplinaire d'évaluation des politiques publiques, et vice-président du Comité scientifique de l'Observatoire européen des drogues et des toxicomanies. Il mène des recherches sur les politiques publiques de santé en étudiant divers objets (drogues illicites, alcool, obésité, recherche médicale...) et s'intéresse plus particulièrement aux liens entre savoir, expertise et politique.

Renaud Colson et Henri Bergeron ont codirigé *Les drogues face au droit* (Presses universitaires de France, 2015) et *European Drug Policies: The Ways of Reform* (Routledge, 2017).

Remerciements

Les auteurs remercient pour leurs relectures et leurs corrections Walid Chamkhi, François Colson, Frédéric Grousseau, Hélène Hoffmann-Colson et Keith McCoy.

Ce livre est dédié à Serge Karsenty.

Avant-propos

Un ouvrage indispensable pour un débat complexe

Le débat sur la légalisation du cannabis prend aujourd'hui une ampleur que nous n'avions pas connue auparavant pour différentes raisons qui tiennent à l'importance des consommations, à une meilleure connaissance scientifique des effets du produit, et à un réexamen de la politique publique dans de nombreux pays.

Dès lors, en France aussi, la question du statut légal du cannabis n'est plus taboue. L'Assemblée nationale a même créé une mission parlementaire sur ce sujet, ce qui aurait été impensable il y a quelques années. Pour autant, le sujet n'est pas simple tellement il touche à des champs qui finissent par embrasser les problèmes de société les plus cruciaux : la santé, le rapport à la loi et son application, les représentations sur les drogues licites ou illicites, les inégalités sociales, l'économie (souterraine ou légale), les relations internationales...

Dans un débat qui est longtemps resté essentiellement idéologique et improductif, une approche plus sereine, plus scientifique, mobilisant toutes les compétences sur les champs de la santé, mais aussi des sciences sociales, permet de sortir des logiques d'affrontement aussi bruyantes que stériles.

C'est le grand mérite de Renaud Colson et d'Henri Bergeron que d'éclairer ce débat sur la légalisation du cannabis dans toutes ses dimensions avec leur compétence incontestable, leur rigueur dans l'analyse, mais aussi et surtout une clarté dans l'exposé qui permet à tout un chacun de s'approprier le sujet. Que vous soyez un simple citoyen curieux de s'informer ou un expert, chacun peut trouver une information et des analyses dont l'évidence tient à l'intelligence et aux capacités pédagogiques des auteurs.

En feuilletant au gré des centres d'intérêts, ou en suivant le chemin proposé, chacun aura *in fine* le sentiment, justifié, de s'être enrichi et d'être devenu plus armé pour participer à la réflexion générale.

Il faut remercier Renaud Colson et Henri Bergeron, et surtout lire cet ouvrage pertinent et clair qui vient à point nommé.

Professeur Amine Benyamina

Chef du service de psychiatrie et d'addictologie
de l'Hôpital Paul-Brousse

Président de la Fédération française d'addictologie

Sommaire

Introduction

Partie 1 Petite histoire du cannabis, de la prohibition à la légalisation

Introduction

Depuis le début du XXe siècle, la cause semble entendue. Le cannabis est une drogue dont la dangerosité justifie qu'on en restreigne l'accès et l'usage. Cette conviction largement partagée, étayée par des arguments moraux et médicaux, a été progressivement inscrite dans le droit ainsi que l'illustre la succession de traités internationaux et de lois nationales qui ont abouti, à partir des années 1960, à une interdiction quasi universelle de la production et de l'utilisation de cette substance. Paradoxalement, l'élaboration de cette doxa prohibitionniste a précédé plus qu'elle n'a suivi le développement d'une consommation désormais massive de cannabis dans le monde occidental.

À partir des années 1970 et 1980, l'augmentation de l'usage de ce produit psychotrope a donné lieu, en de nombreux pays, à une criminalisation et une pénalisation accrues des trafiquants, mais également des consommateurs. Le cannabis est l'une des principales cibles de la « guerre à la drogue » initiée aux États-Unis par le président Nixon, avant d'être étendue à une grande partie de la planète grâce au soutien de l'Organisation des Nations unies.

Ne tolérant longtemps aucune objection, ce consensus prohibitionniste a aujourd'hui cédé la place au doute. L'exception hollandaise, qui faisait des Pays-Bas l'unique pays au monde à tolérer la vente et la consommation de cannabis dans des boutiques ayant pignon sur rue, n'en est plus une : non seulement l'usage et la détention pour usage de cannabis ne sont plus réprimés dans de nombreux pays, mais cette substance a également retrouvé un statut thérapeutique officiel. Quelques États, comme le Canada et l'Uruguay, en ont même légalisé la production et la distribution à des fins récréatives.

Ce n'est pas le cas en France où le cadre juridique posé en 1970 n'a guère évolué, et où la consommation de cannabis fait l'objet, depuis une vingtaine d'années, d'une réponse pénale de plus en plus vigoureuse. Les résultats de cette politique se font pourtant attendre : selon une enquête de l'Observatoire français des drogues et des toxicomanies publiée en 2019, 18 millions de Français ont expérimenté le cannabis, parmi lesquels 5 millions au cours de l'année écoulée, et on compte 1,5 million d'usagers réguliers et 900 000 consommateurs quotidiens. Encore plus significatif, le niveau d'usage chez les jeunes de 16 ans demeure, en France, parmi les plus élevés d'Europe.

Nombreux sont ceux pour qui il est hors de question d'assouplir le régime prohibitionniste. Une telle évolution pourrait en effet être interprétée comme le signe d'une banalisation à éviter à tout prix : à la dangerosité avérée du cannabis s'ajouterait un risque d'escalade vers des drogues plus dures. L'argument est néanmoins contesté, et des voix dissidentes se font entendre. Elles insistent sur le fait que l'interdit légal s'accompagne de nombreux effets pervers, en particulier la création d'un vaste marché criminel et la violence qui y est associée, la circulation de produits frelatés et les conséquences sanitaires qui lui sont liées, et la marginalisation des consommateurs. Faute d'une distinction entre les effets délétères du cannabis et les conséquences négatives de son interdiction, le risque est que la prohibition se renforce de ses propres échecs à la manière d'une prophétie autoréalisatrice.

À propos de ce livre

Les problèmes de sécurité et ceux de santé publique liés à l'usage et au trafic de cannabis sont suffisamment importants pour que les médias se fassent régulièrement l'écho des débats entre les partisans et les opposants d'une éventuelle légalisation de cette drogue. Mais à s'en tenir aux arguments des uns et des autres, il peut être difficile de se forger une opinion éclairée. La discussion, quand elle a lieu, se résume souvent, d'un côté comme de l'autre, à l'exposition de convictions morales, certes respectables, mais qui font obstacle à une analyse raisonnée et dépassionnée des faits.

Le débat est d'autant plus difficile à mener qu'il est techniquement complexe et ne se résume pas à l'alternative simpliste entre interdiction absolue et liberté sans limites, dans laquelle on veut trop souvent l'enfermer. Ainsi, la prohibition, entendue comme défense générale de produire, faire commerce et consommer du cannabis, peut-elle être mise en œuvre de manière plus ou moins répressive. L'interdit légal s'accommode parfois d'un assouplissement de la sanction pénale, laquelle peut être réduite à une contravention, voire être purement et simplement supprimée. On parle alors de dépénalisation. Si la prohibition peut être laxiste, la légalisation peut à l'inverse être rigoureusement contrôlée. L'autorisation de cultiver, distribuer et consommer du cannabis n'exclut pas une intervention de l'État régulateur qui peut organiser de manière plus ou moins restrictive ces activités, comme c'est le cas pour l'alcool et le tabac.

L'objectif de ce livre est d'explorer les divers modèles de régulation du cannabis, de la prohibition la plus répressive à la légalisation la plus libérale en passant par les différents types de régimes intermédiaires, afin d'en évaluer les coûts et les bénéfices. Cet examen, qui se fonde sur les connaissances scientifiques acquises, mobilise les résultats des travaux d'évaluation des politiques publiques les plus récents sur le sujet. Armé de ces outils d'analyse, il devient possible d'évaluer le droit en vigueur de la manière la plus neutre possible, et de réfléchir aux conditions de sa réforme.

Comment ce livre est organisé

Ce livre est divisé en trois parties. La première présente le cannabis et la manière dont il est traité par le droit. La deuxième expose les principaux arguments en faveur et en défaveur de la légalisation de cette drogue. Enfin, la traditionnelle partie des Dix explique comment légaliser le cannabis.

Première partie : Petite histoire du cannabis, de la prohibition à la légalisation

Le cannabis, longtemps plus connu sous nos latitudes sous le nom de chanvre, est l'une des premières plantes domestiquées par l'homme. La solidité de ses fibres, le profil nutritionnel de ses graines, les vertus thérapeutiques de ses racines et de ses fleurs lui ont permis de trouver sa place, à un titre ou un autre, dans presque toutes les civilisations. Les effets psychédéliques de certaines de ses variétés ont néanmoins conféré au cannabis une aura sulfureuse, au point qu'il a été frappé, à partir du XXe siècle, d'une prohibition internationale. En retraçant l'histoire de cette interdiction mondiale et les modalités nationales de sa mise en œuvre, et en présentant les résistances qu'elle suscite, la première partie du livre pose le décor du débat qui oppose aujourd'hui les tenants de la prohibition et les partisans de la légalisation.

Deuxième partie : La légalisation du cannabis, le pour et le contre

La décision de dépénaliser l'usage de cannabis, voire d'en légaliser la production et la distribution, dans un nombre croissant de pays interpelle. Faut-il y voir le signe avant-coureur d'une évolution mondiale qui sonne le glas de la prohibition et qui indique au législateur français la voie à suivre, ou a-t-on affaire à des politiques non seulement dangereuses, mais également vouées à l'échec ? Pour en décider, il faut comparer comment la prohibition et la légalisation protègent respectivement les individus et la société des dangers du cannabis. La deuxième partie de ce livre interroge les vertus et les limites de ces approches opposées en questionnant leurs présupposés éthiques, en analysant leurs conséquences sanitaires et leurs résultats en matière de sécurité publique, et en évaluant leur coût économique.

Troisième partie : La partie des Dix

La légalisation du cannabis est une décision politique qui ne relève pas de l'expert. Celui-ci peut en revanche éclairer le législateur sur les enjeux et les risques d'une évolution du droit, et l'informer sur les leviers d'action dont il dispose. Sans prétendre trancher au fond le débat sur la légalisation, la troisième partie du livre présente l'éventail des options juridiques envisageables. Elle propose également des conseils pour engager une éventuelle réforme, et identifie les dispositifs réglementaires pouvant être mis au service d'une régulation juste et efficace des usages sociaux du cannabis.

Les icônes utilisées dans ce livre

Citation Une citation éclairant les enjeux de la régulation du cannabis.

À savoir Une information essentielle à connaître.

En droit Une règle juridique déterminante.

En pratique Ce qui se fait dans la réalité, parfois en dépit du droit.

En chiffres Des chiffres précis sur les usages, le marché et la réglementation du cannabis.

Anecdote Un fait étonnant sur le cannabis.

Définition Un point terminologique à préciser.

Partie 1

Petite histoire du cannabis, de la prohibition à la légalisation

Dans cette partie...

Si la loi prétend transformer le monde, les faits ne se plient pas aisément au droit. Le législateur, s'il veut faire œuvre utile, doit connaître la réalité. Il en va ainsi en matière de drogues. Pour se forger une opinion éclairée sur la légalisation du cannabis et engager le cas échéant une telle réforme, il convient au préalable de découvrir cette plante et les rapports complexes qui la lient aux hommes depuis des siècles. L'objet de cette première partie est donc de proposer une petite histoire sociale et juridique du cannabis.
La longue relation qu'ont entretenue les sociétés d'Orient et d'Occident avec cette herbe s'est assombrie au début du XXe siècle. C'est à cette époque que le principe d'une interdiction universelle du cannabis s'est progressivement imposé. Il est nécessaire de comprendre les raisons sociales, culturelles et politiques qui ont présidé à cette grande prohibition. Les expériences de légalisation du cannabis qui s'élaborent aux quatre coins du monde apparaissent en effet comme autant de contrecoups de ce vaste mouvement d'interdiction.

DANS CE CHAPITRE

La botanique du cannabis

Les multiples usages du chanvre

Les effets du cannabis sur l'organisme

Chapitre 1
Le cannabis et ses usages

Les rapports qui unissent sociétés humaines et cannabis sont anciens et complexes. La culture de cette plante s'est répandue dans presque toutes les civilisations, à la faveur des nombreux usages dont elle fait l'objet. Le cannabis compte à ce titre parmi les espèces végétales qui ont joué un rôle déterminant dans l'histoire industrielle et culturelle de l'humanité. La diffusion du cannabis aux quatre coins du globe, la sélection de certaines de ses variétés et leur hybridation illustrent comment les hommes ont modelé le destin de cette herbe en élargissant sa couverture géographique et en diversifiant ses qualités biologiques.

Pour raconter l'histoire plurimillénaire de cette relation entre homme et cannabis, commençons par quelques éléments de botanique. L'étude de la plante permet, en effet, de mieux comprendre ses multiples usages culturels ainsi que ses effets psychoactifs.

Le cannabis, une plante unique

Le cannabis, communément appelé chanvre, est une plante annuelle dont le cycle de vie, de la germination jusqu'à la production de graines, ne dure que quelques mois. Elle appartient, comme le houblon, à la famille des *Cannabaceae*. Sa tige herbacée, tendre et cannelée, est particulièrement riche en fibres. Ses fleurs sont en général unisexuées, portées par des pieds mâles et femelles distincts. Mais l'identité sexuelle du cannabis se révèle parfois confuse, la plante pouvant devenir hermaphrodite lorsqu'elle est soumise à des conditions de culture particulières.

Les fleurs mâles sont composées de cinq étamines contenant un abondant pollen jaune. Celui-ci pollinise les fleurs à pistil, femelles, qui se groupent en cimes compactes entremêlées de feuilles. Après fécondation, la fleur femelle produit des fruits secs, akènes ovoïdes livrant des graines charnues : le chènevis.

Figure 1-1 Le cannabis.

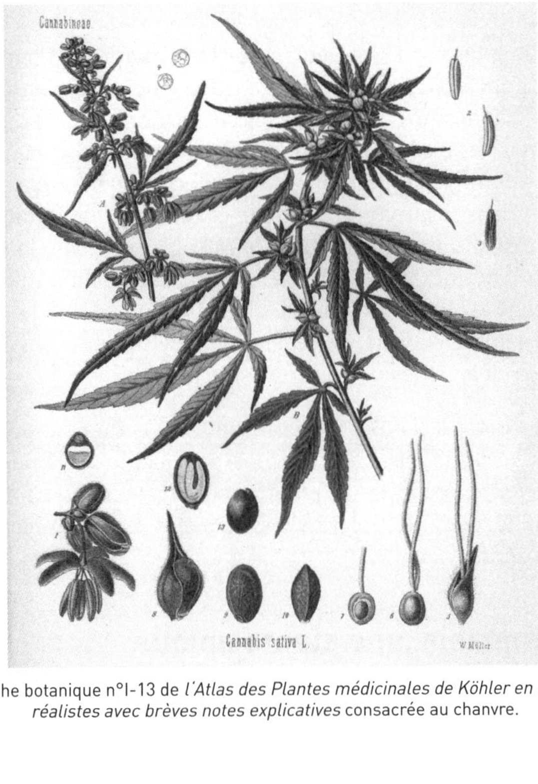

Planche botanique n°I-13 de *l'Atlas des Plantes médicinales de Köhler en images réalistes avec brèves notes explicatives* consacrée au chanvre.

Une seule espèce

Si l'on oppose communément le chanvre industriel et le cannabis psychoactif, cette distinction doit être relativisée, car elle ne rend justice ni à l'unité du genre botanique ni à la multitude de ses variétés.

Le naturaliste suédois Carl von Linné, dans sa monumentale nomenclature *Species plantarum* (1753) qui prétendait décrire toutes les plantes connues, a identifié une espèce unique de chanvre : *Cannabis sativa L.* Cette unité taxinomique du cannabis a depuis été discutée. Certains botanistes l'ont subdivisé en trois, *sativa*, *indica* et *ruderalis*, chacune dotée d'une morphologie végétale particulière (taille de la plante, forme des feuilles, composition chimique...).

Figure 1-2 Les principaux types de cannabis.

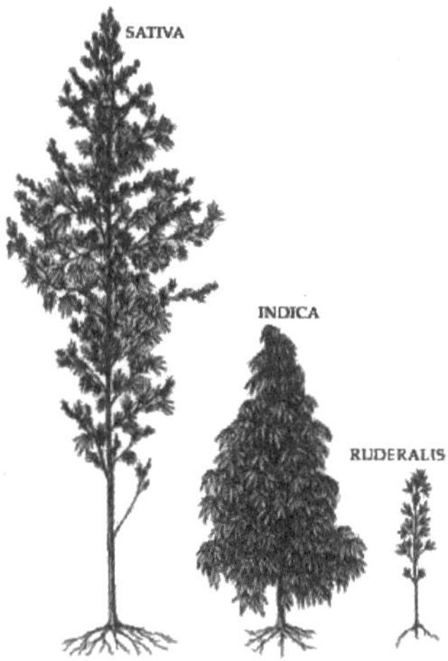

Espèces, sous-espèces ou simples variétés ? La question est académique. En pratique, *sativa*, *indica* et *ruderalis* ont une seule et même origine. Leur ancêtre commun, probablement originaire d'Asie centrale, a accompagné les migrations humaines vers l'Asie du Sud-Est d'une part, vers l'Europe, le Moyen-Orient et l'Afrique d'autre part, avant de s'étendre beaucoup plus récemment au continent américain. Cette ample diffusion géographique a forcé la plante à s'adapter à des environnements variés.

Sous l'effet de la sélection naturelle et de l'isolement, les variétés de cannabis poussant ici ou là se sont différenciées. Ces variations ont été renforcées par l'activité des hommes. Ceux-ci ont, au fil du temps, privilégié les souches répondant à leurs besoins, puis créé des hybrides au rendement amélioré, adaptés à la variété des climats et à la diversité des usages.

Des centaines de variétés

On compte aujourd'hui des dizaines de cultivars (variétés cultivées pour leurs caractéristiques spécifiques). Certains portent des dénominations inscrites dans les nomenclatures botaniques officielles (par exemple le cannabis « Fibranova », cultivé pour la production de fibres). D'autres n'ont reçu que des noms vernaculaires (par exemple le cannabis lignée « Jack Herer », produit pour ses propriétés psychoactives). Destinées à satisfaire les attentes multiples des consommateurs de chanvre, toutes ces variétés peuvent par nature s'hybrider. Chacune, en l'absence d'un élevage rigoureux, peut retourner à l'état sauvage et voir ses traits particuliers évoluer.

La diversité des variétés de cannabis et des conditions culturales explique que la morphologie de la plante varie : plus ou moins haute (de quelques dizaines de centimètres jusqu'à sept mètres de haut), plus ou moins ramifiée, plus ou moins touffue... L'iconique feuille de cannabis, palme aux segments inégaux et aux bords dentelés, peut être élancée ou trapue, d'un vert plus ou moins foncé. Quant aux sommités fleuries femelles, elles arborent d'innombrables nuances colorées, du blanc argenté au violet vif. L'anatomie végétale du chanvre est également variable en fonction de la souche cultivée et des modalités de son développement.

Cannabis sativa L. contient de très nombreux éléments constituants, parmi lesquels les phyto-cannabinoïdes. Plus d'une centaine d'entre eux ont à ce jour été isolés. Véritable signature biochimique du chanvre, ces composés se concentrent dans les fleurs de la plante. Parmi ces molécules, le Δ9-trans-tétrahydrocannabinol (Δ9-THC), isolé en 1964 par les chimistes Yehiel Gaoni et Raphael Mechoulam, a attiré l'attention pour ses effets psychoactifs. Mais d'autres cannabinoïdes suscitent aujourd'hui l'intérêt des chercheurs pour leur potentiel thérapeutique. C'est le cas du cannabidiol (CBD) et du cannabigérol (CBG).

À l'instar de la richesse en huile des graines, ou de la qualité des fibres, la teneur en cannabinoïdes du chanvre fluctue selon les variétés.

Les usages du cannabis

Les chercheurs qui étudient les relations de l'homme et du cannabis font remonter leur rencontre aux temps préhistoriques. Il est probable que le cannabis ait été utilisé sous sa forme sauvage par certaines tribus paléolithiques d'Asie centrale bien avant sa domestication, quelques milliers d'années avant notre ère, et sa dispersion aux quatre coins du globe. Il est en revanche difficile de déterminer, parmi les propriétés nutritives, fibreuses, pharmacologiques et psychoactives de la plante, lesquelles étaient privilégiées ici ou là.

L'analyse est d'autant plus difficile que si certains usages se différencient clairement (par exemple le recours au chanvre à des fins techniques ou à des fins alimentaires), d'autres se déploient sur un continuum peu propice aux distinctions tranchées. Ainsi, les utilisations religieuse, médicale ou récréative du cannabis se chevauchent au point d'être parfois difficiles à distinguer.

Usages industriels

Source de fibres flexibles et résistantes, le chanvre est l'une des premières plantes textiles à être cultivée en Asie orientale. Matière première, elle a servi pendant des millénaires à la confection de vêtements, chaussures, filets, cordes, voiles et toiles diverses. Les fibres de chanvre étaient également utilisées dans la production de papier et dans la construction d'armes.

Des usages industriels similaires s'observent en Europe, sous l'Empire romain, au Moyen Âge, puis à l'époque moderne. Le chanvre constitue ainsi la source principale de cordage des flottes marchandes et militaires qui ont permis l'expansion coloniale de l'Occident à partir du XVIe siècle.

Citation

Au XVe siècle, Rabelais dans *Le Tiers Livre* rend hommage à l'utilité inestimable de cette herbe rebaptisée « pantagruélion », grâce à laquelle « les savates sont ajustées », « les arcs sont tendus, les arbalètes bandées, les frondes fabriquées », « les forts galions, les nefs à mille comme à dix mille hommes quittent le port et voguent au gré de ceux qui en tiennent le gouvernail ».

Encouragée dans les royaumes européens, la production de chanvre l'a également été dans les colonies américaines jusqu'au début du XXe siècle.

Concurrencée par la production de fibres synthétiques dérivées du pétrole, l'industrie de la fibre cannabique s'est considérablement rétrécie à partir des années 1930. Elle perdure néanmoins en matière papetière et se réinvente, depuis quelques années, dans le domaine des matériaux de construction, des bioplastiques, ou encore des produits cosmétiques.

À savoir

Jusqu'à une date récente, la France était, avec près de 18 000 hectares, le premier pays européen et le troisième pays du monde (après la Chine et le Canada) en termes de surface de chanvre cultivé. Le maintien et le développement de cette filière dans un contexte longtemps défavorable tiennent, entre autres, à l'existence d'acteurs associatifs qui défendent les intérêts des producteurs, et au soutien de l'Union européenne. La faible empreinte environnementale du cannabis, qui est doté d'un fort pouvoir de séquestration du CO_2 et dont la culture requiert peu d'intrants phytosanitaires, promet, selon ses promoteurs, un avenir radieux aux usages industriels de cette plante.

Usages alimentaires

Le profil nutritionnel des graines de chanvre (le chènevis), non psychoactives mais riches en lipides et en protéines, explique l'usage alimentaire précoce qui en a été fait.

On en trouve des traces archéologiques dès 10 000 ans avant notre ère en Asie, où le chènevis a massivement nourri hommes et bétail pendant des millénaires avant d'être remplacé par d'autres cultures à partir du XVIIe siècle. En Europe, cette consommation est attestée dès l'âge du bronze. Elle a longtemps occupé une place de choix dans la préparation des soupes et gruaux.

Citation

Au XIIe siècle, Hildegarde de Bingen, religieuse bénédictine, sainte de l'Église catholique, femme de lettres et naturaliste, confirme les vertus alimentaires du chanvre : « Le chanvre est chaud, [...] telle est sa nature. Sa graine contient la santé, et pour les gens en bonne santé, il constitue une saine nourriture dans l'estomac, il est léger et utile, parce qu'il diminue quelque peu les écoulements d'humeurs, et on peut le digérer facilement. »

Toujours utilisé pour nourrir oiseaux et poissons, le chènevis a vu son importance dans l'alimentation humaine diminuer au cours du siècle passé. Servant aujourd'hui à la production d'huile et de boissons aromatisées, il connaît, depuis quelques années, un regain d'intérêt en raison de ses vertus diététiques et d'un engouement marketing pour les produits issus du cannabis.

Usages médicaux

À l'instar de ses utilisations nutritives et technologiques, les usages thérapeutiques du cannabis ont une longue histoire.

Il est fait mention de cette plante médicinale dans l'un des plus anciens traités de pharmacologie chinoise (*Shénnóng běncǎo jīng*). Le cannabis occupe aussi une place de choix dans la médecine ayurvédique issue des traditions védique et hindoue. D'autres indices attestent d'une utilisation thérapeutique ancestrale de cette plante dans la région du Tibet, dans les royaumes assyrien et perse, dans la civilisation égyptienne. L'Antiquité gréco-latine connaît également les propriétés thérapeutiques du chanvre. Il en est fait mention dans les ouvrages classiques de Pline l'Ancien et de Galien. Intégré dans la médecine arabo-musulmane, cet héritage se retrouve dans les nombreux manuels d'herboristerie de la médecine européenne à partir du Moyen Âge.

Citation

Dans sa monumentale *Histoire naturelle* écrite au Ier siècle de notre ère, Pline l'Ancien recense les vertus prêtées au chanvre : « La racine cuite dans l'eau relâche les articulations contractées, et s'emploie pour la goutte et les affections semblables. On l'applique crue sur les brûlures. »

Au temps de l'impérialisme des pays européens, les médecins coloniaux en contact avec les pratiques thérapeutiques indigènes découvrent de nouvelles vertus à cette plante. Au XIXe siècle, le recours au cannabis médical se répand en Occident. Administré comme antalgique et tranquillisant, il trouve sa place, pendant quelques décennies, sur les étals des pharmacies. Sa prescription tombe cependant en désuétude au début du XXe siècle. Les médicaments industriels se substituent alors aux plantes médicinales, dont les doses sont plus difficiles à standardiser et les effets réputés moins reproductibles.

À la même époque, la stigmatisation de la consommation récréative de cannabis, pourtant peu répandue, cause le discrédit de l'usage thérapeutique. La plante est finalement supprimée de la pharmacopée américaine en 1941 et de la pharmacopée française en 1953.

Après une éclipse de quelques décennies, le cannabis connaît aujourd'hui un retour en grâce dans la médecine conventionnelle occidentale. Utilisé comme anti-nauséeux dans certaines chimiothérapies, ses effets antalgiques dans le traitement des douleurs chroniques et son efficacité dans le traitement de la spasticité en cas de sclérose en plaques ont été établis par de nombreux essais cliniques contrôlés. Les plus hautes autorités médicales américaines invitent désormais à approfondir la recherche sur les cannabinoïdes et l'Organisation mondiale de la santé procède actuellement à une réévaluation de leur utilité thérapeutique.

Usages psychotropiques

Parmi les multiples emplois dont le chanvre fait aujourd'hui l'objet, les plus connus sont sans doute les consommations destinées à susciter des effets psychotropes. La modification des états de conscience par la prise de drogue est le plus souvent envisagée dans sa dimension récréative, celle de l'ivresse individuelle ou collective destinée à faire « la fête ». Le recours au cannabis peut pourtant avoir d'autres finalités : une fonction auto-thérapeutique, analgésique ou narcotique, et une fonction mystique. Cette dimension spirituelle est probablement à l'origine des premières consommations de chanvre dans le cadre de rituels chamaniques dès l'époque paléolithique.

Le recours aux propriétés psychoactives du cannabis par les Scythes, nomades indo-européens d'Asie centrale, est attesté par Hérodote au Ve siècle. On trouve également trace de ce type d'usage dans la tradition chinoise pré-confucéenne, et dans la pratique hindouiste qui admet toujours, sur le fondement de textes védiques, l'ingestion rituelle de cannabis. La civilisation arabe a aussi contribué à la diffusion de ces pratiques du Moyen-Orient au Maghreb jusqu'en Afrique noire. En Europe, la consommation de chanvre récréatif s'est diffusée plus tardivement, sans doute en raison de la faible teneur en principes psychotropes des variétés cultivées localement. C'est au XIXe siècle que l'expérimentation de formes de cannabis plus puissantes, issues des empires coloniaux, ouvre la voie à de nouveaux usages hédoniques.

Des clubs de consommateurs ?

En France, l'aliéniste Jacques Moreau de Tours, spécialiste des maladies mentales à la Salpêtrière, fonde le Club des haschischins, au sein duquel le milieu littéraire et artistique parisien vient s'initier aux joies du cannabis. Baudelaire, Balzac, Nerval, Delacroix, Dumas père, et beaucoup d'autres fréquenteront ce club qui, en dépit de sa courte existence (de 1845 à 1848), a façonné durablement l'imaginaire français du cannabis, parfois encore imprégné d'orientalisme.

En dépit de la fascination littéraire qu'il a très tôt suscitée en Occident, l'usage récréatif de cannabis est longtemps demeuré marginal. Cette consommation se développe aux États-Unis, au début du XXe siècle, au sein des communautés mexicaines défavorisées. Sous influence hispanique, l'herbe est alors baptisée *marijuana*. Elle est finalement adoptée par les musiciens de jazz, fêtée par les poètes de la *Beat Generation*, puis partagée par les hippies.

Sacralisé, par ailleurs, par les rastafariens, le cannabis a ainsi servi d'étendard à divers mouvements culturels contestataires.

À savoir

Le rastafarisme s'est développé en Jamaïque à partir des années 1930. Popularisé par Bob Marley, ce mouvement culturel élève le cannabis (« ganga ») au rang d'herbe sacrée. Son usage, non pas récréatif mais spirituel, permet à l'âme des rastafariens de s'élever.

Allant souvent de pair avec un rejet de l'ordre établi et une revendication d'émancipation, l'usage ostensible et dissident n'épuise pas, loin s'en faut, la diversité des utilisations du cannabis. À partir des années 1960, l'herbe se répand sur les campus parmi les opposants à la guerre du Vietnam. La classe moyenne américaine entre alors en contact avec cette substance. On observe, avec un léger décalage, un processus de diffusion comparable dans la génération des *baby-boomers* européens.

Au cours des trois dernières décennies, la massification et la normalisation de l'usage de cette drogue l'ont fait accéder, aux côtés de l'alcool, du tabac et des médicaments psychotropes, au rang de produit de consommation courante au service du confort psychologique d'un nombre considérable d'individus.

En chiffres Le cannabis est la drogue illicite la plus consommée au monde. L'Office des Nations unies contre la drogue et le crime (ONUDC) estimait, en 2019, à 4 % la part de la population mondiale âgée de 15 à 64 ans (soit 188 millions d'individus) à en avoir consommé au moins une fois dans l'année. En France, une enquête de l'Observatoire français des drogues et des toxicomanies (OFDT) publiée en 2019 estimait le nombre de personnes ayant expérimenté le cannabis à 18 millions, dont 5 millions d'usagers dans l'année, 1,5 million d'usagers réguliers et 900 000 usagers quotidiens.

Les effets du cannabis

Les effets de l'intoxication cannabique ne sont pas identiques pour tous. Ils varient selon le type de produit consommé et les modalités de sa consommation, mais également selon le profil de l'usager et le contexte d'usage. Bien documentées par les addictologues et précisément décrites par de nombreux écrivains, les manifestations psychiques et somatiques de l'utilisation de cannabis donnent parfois lieu à des complications qui témoignent de la dangerosité de cette drogue.

Modes de consommation

Si les préparations psychoactives dérivées du cannabis font l'objet de nombreuses appellations, leur nombre se réduit à trois formes essentielles :

» d'une part les feuilles et les fleurs des plantes femelles récoltées et séchées à maturité (on parle alors d'herbe, de beuh ou de marijuana…) ;

» d'autre part, la résine, pâte compacte plus ou moins collante, produite mécaniquement à partir des sommités fleuries (c'est le haschich, plus prosaïquement appelé shit ou chichon) ;

» enfin, divers concentrés aux noms variés (huile, teinture, cire, beurre...) obtenus par extraction des cannabinoïdes de la plante, généralement à l'aide d'un solvant.

Les néo-cannabinoïdes

Le cannabis et ses dérivés ne doivent pas être confondus avec les néo-cannabinoïdes. Ces molécules, produites de manière artificielle, sont apparues sur le marché des drogues dans le courant des années 2000. Conçues pour répliquer les effets des cannabinoïdes naturels, ces substances sont généralement pulvérisées sur des résidus végétaux pour pouvoir être, dans un second temps, consommées par combustion et inhalation. Les néo-cannabinoïdes présentent une toxicité très supérieure au cannabis naturel.

Les préparations psychoactives dérivées du cannabis peuvent être absorbées pures ou mélangées, de diverses manières, par voie respiratoire ou par voie orale. Le mode d'utilisation le plus répandu est la cigarette artisanale (joint, stick, pétard...) d'herbe ou de résine mêlée à du tabac. Certains amateurs de sensations fortes lui préfèrent la pipe (bang, chillum, sebsi...), quand d'autres privilégient la vaporisation sans combustion. Enfin, l'ingestion, mode d'absorption traditionnel dans de nombreuses civilisations (*bhang* indien, *dawamesk* oriental...), connaît un retour en grâce. À la faveur du développement de l'industrie du cannabis légal, les traditionnels *space cakes* et *haschich fudges* sont désormais concurrencés par des boissons, des capsules et des teintures chargées de cannabinoïdes.

L'ivresse cannabique

L'intoxication cannabique donne lieu à un état modifié de la conscience de soi et du monde, une ivresse dont les ressorts physiologiques sont propres à cette drogue. Les principes actifs du cannabis exercent leurs effets en se fixant aux récepteurs cellulaires du système endocannabinoïde, qui participe à la régulation de nombreux processus organiques dans le corps humain, et interfèrent ainsi avec les mécanismes nerveux de neurotransmission.

La consommation de cannabis occasionne diverses manifestations somatiques : des effets oculaires (yeux rouges et dilatation de la pupille) et cardiovasculaires (augmentation du débit et du rythme cardiaques), une sécheresse buccale, une relaxation musculaire... Mais ce sont ses effets psychologiques que les consommateurs de cannabis récréatif recherchent. L'ivresse cannabique associe une euphorie et un bien-être affectif à un sentiment d'apaisement parfois accompagné de somnolence. Elle donne lieu à des troubles d'appréciation spatio-temporels, des perceptions sensorielles modifiées, et s'accompagne parfois d'une sensation de détachement de son corps et de ses propres processus mentaux.

Des orientalistes aux poètes maudits, des décadents aux occultistes, des routards aux psychonautes, nombreux sont les consommateurs qui ont mis à profit leurs talents littéraires pour décrire très précisément les effets de l'intoxication cannabique. Comment rendre compte au plus près de ce « rire sans cause », de ce « sentiment de légèreté, de suspension en l'air » (Henri Michaux) ?

Citation

Walter Benjamin, grand intellectuel du XXe siècle, est peut-être celui qui a le mieux réussi à capturer l'expérience heureuse du haschich : « Bienveillance sans limite. [...] Tous les présents s'irisent de comique. Rudiments d'un état de ravissement. Grande sensibilité aux portes ouvertes, aux paroles sonores, à la musique. Les gens à qui on a affaire ont fortement tendance à se métamorphoser un peu, je ne dirais pas à devenir étrangers, ni à cesser d'être familiers, mais à ressembler un peu à des étrangers. On emprunte les mêmes voies de la pensée qu'auparavant. Seulement, elles paraissent jonchées de roses. »

Cependant, l'ivresse cannabique présente quelques désagréments. Sous l'empire du produit, la mémoire à court terme et les capacités d'apprentissage de l'usager s'amoindrissent temporairement. Le voyage occasionné par la drogue prend parfois un tour désagréable, voire une dimension franchement effrayante. Le profane, peu familier des effets de la drogue, tout comme l'usager expérimenté, s'il est confronté à un produit trop puissant ou à un contexte de consommation défavorable, peuvent faire l'expérience du *bad trip*. Troubles anxieux, attaque de panique, sentiment de persécution... Cette perte de contrôle, qui laisse à l'expérimentateur un souvenir marquant, s'accompagne dans de rares cas d'une bouffée délirante aiguë.

Le cannabis est-il dangereux ?

Substance psychoactive anodine ou drogue aux dangers sous-estimés ? La question, au cœur d'incessantes polémiques, appelle une réponse nuancée.

Contrairement à l'alcool, dont l'abus provoque la mort cellulaire des neurones, le cannabis n'est pas un neurotoxique. Il n'entraîne aucun décès par overdose, même si quelques études cliniques évoquent l'hypothèse que sa consommation puisse accroître le risque de déclencher une crise cardiaque. En revanche, la consommation prolongée de cannabis fumé, à l'image de celle du tabac auquel il est fréquemment mélangé, peut conduire au développement de maladies respiratoires chroniques. Si les cannabinoïdes ne sont pas des substances cancérigènes, la combustion de cannabis dans des cigarettes ou des pipes induit un risque accru de cancers des poumons et de la bouche.

À savoir

De nos jours, les inquiétudes sur la dangerosité de l'usage régulier de cannabis portent essentiellement sur les atteintes à la santé mentale susceptibles d'en résulter. Les effets résiduels de l'intoxication cannabis sur les performances cognitives sont faibles, de courte durée et réversibles, y compris chez les consommateurs intensifs. En revanche, l'existence d'un syndrome amotivationnel caractérisé par un désinvestissement des activités quotidiennes et un émoussement affectif compte au nombre des états pathologiques que peut développer l'usager chronique de cannabis. De manière générale, une consommation régulière constitue un facteur d'aggravation des troubles mentaux préexistants (dépression, anxiété, bipolarité...).

Le rôle de l'usage de cannabis dans le développement de troubles psychotiques, notamment de type schizophrénique, a également été étudié par les scientifiques. S'il est acquis que l'utilisation précoce de cette drogue est associée à un risque augmenté de psychose, la nature de cette association demeure en revanche discutée. Causalité directe ou simple corrélation résultant d'un mécanisme d'automédication ou d'une vulnérabilité commune des malades ? La question n'a pas été tranchée par la communauté médicale, qui s'accorde néanmoins sur le fait que la consommation de cannabis constitue un facteur parmi d'autres susceptible de révéler une schizophrénie sous-jacente.

L'usage nocif, qui s'accompagne de dommages pour la santé physique ou mentale, ne se rencontre que dans une minorité de cas. C'est également vrai de la dépendance physique au cannabis. Longtemps discutée, l'existence d'un syndrome de sevrage observable chez certains usagers chroniques qui arrêtent brutalement leur consommation semble désormais établie. Les symptômes de manque, voisins de ceux causés par l'arrêt du tabac, sont dominés par l'irritabilité, l'anxiété et les troubles du sommeil. Ils s'estompent au bout de quelques jours. L'existence d'une dépendance physique au cannabis explique les substitutions par l'alcool et le tabac auxquelles donne parfois lieu l'arrêt de la consommation de ce produit.

La théorie de l'escalade selon laquelle un usage régulier conduirait à la consommation d'autres drogues dites « dures » (comme l'héroïne) a en revanche été scientifiquement réfutée.

Au-delà des effets directs, physiques ou psychiques, qui résultent de l'usage de cannabis, il faut compter avec les conséquences indirectes de cette pratique. La prise de cannabis potentialise certains risques préexistants, par exemple celui de causer un accident de voiture mortel.

En chiffres

Une étude coordonnée par l'Observatoire français des drogues et toxicomanie a établi que les accidents mortels sont attribués dans 2,5 % des cas au cannabis et dans 28 % des cas à l'alcool. La consommation de cannabis augmente la probabilité d'avoir un accident mortel de 1,65. Ce risque est multiplié par 8,5 en cas d'abus d'alcool. Le risque routier occasionné par l'usage de cannabis est donc quatre fois moins élevé que celui causé par la consommation d'alcool. L'association des deux produits s'avère en revanche particulièrement dangereuse. Selon cette étude, la proportion d'accidents mortels qui serait évitée si aucun conducteur ne consommait de cannabis est estimée à 4 %.

De manière générale, la criminalisation de l'usage de cannabis conduit les consommateurs à commettre des infractions pénales et accroît le risque d'embrasser une « carrière » délinquante, encouragée par une répression considérée comme injuste ou par l'identification à des formes de vie déviantes. Cette dangerosité indirecte de l'usage de cannabis ne tient pas à ses propriétés pharmacologiques mais à son interdiction par le droit.

À savoir

Le tableau des risques somatiques, psychiques et sociaux associés à l'usage de cannabis ne doit pas faire oublier que cette drogue n'occasionne, le plus souvent, aucune complication pour le consommateur. Une approche comparative permet de se faire une idée plus précise de sa dangerosité. Dans un rapport qui fait toujours autorité sur *La dangerosité des drogues* (1998), le professeur Bernard Roques a ainsi établi que les risques pour la santé individuelle associés à l'usage de cannabis sont notablement inférieurs à ceux induits par la consommation des principales autres drogues, notamment du tabac et de l'alcool. Plus récemment, un groupe d'experts britanniques a quantifié les méfaits de l'usage de substances psychotropes au Royaume-Uni en utilisant seize critères concernant l'individu et la société (David J. Nutt *et al.*, *Lancet*, n° 376, 2010). Le classement final place le cannabis à la huitième place, derrière l'alcool, l'héroïne, le crack, le tabac, juste devant le LSD et les champignons hallucinogènes.

DANS CE CHAPITRE

L'histoire de l'interdiction du cannabis

Les modèles prohibitionnistes à l'étranger

La lutte contre le cannabis en France

Chapitre 2
Il était une fois la prohibition

Dans les sociétés traditionnelles où la consommation de cannabis est admise, elle fait généralement l'objet de normes rigoureuses. Tous les membres de la collectivité n'y ont pas également accès, et les personnes autorisées le sont dans le cadre d'une hiérarchie sociale et selon des rituels déterminés. Ces règles d'utilisation définissent, en creux, autant de pratiques défendues. S'il est possible d'étudier ces restrictions comme autant d'interdits, ceux-ci ne sont cependant pas comparables à la grande interdiction qui a frappé le cannabis à partir du milieu du XXe siècle. Cet épisode historique, dont nous ne sommes pas encore sortis, se caractérise par l'institution d'une prohibition mondiale destinée à éradiquer toutes les utilisations psychoactives du cannabis. Inscrite dans le droit international, cette interdiction se décline selon des modalités diverses dans les ordres juridiques nationaux. En France, elle a pris au cours de ces dernières années un tour particulièrement répressif.

Généalogie de l'interdiction

Bien avant que l'Occident n'inscrive dans son droit le principe d'une suppression de l'usage récréatif du cannabis, d'autres civilisations se sont essayées, avec plus ou moins de succès, à restreindre cette consommation.

L'utilisation de cannabis à des fins psychoactives en Chine ancienne a ainsi disparu quelques siècles avant notre ère, à la faveur du développement de l'éthique confucianiste. Dans le monde arabo-musulman, c'est à partir du XIIIe siècle que les oulémas, gardiens et interprètes de la *shari'a*, ont prohibé l'ivresse cannabique par analogie (*qiyās*) avec l'interdiction de la consommation d'alcool. Cette prohibition de principe, mise en œuvre avec plus ou moins de flexibilité dans les différentes régions du monde islamique, contraste avec la remarquable tolérance dont ont longtemps fait preuve les puissances européennes à l'égard de l'usage de cannabis dans leurs colonies.

Exploitation coloniale

Dictée avant tout par la recherche du profit, la politique coloniale appliquée aux drogues indigènes a été prioritairement déterminée par des considérations économiques. L'exception qui confirme la règle est l'ordonnance du 17 vendémiaire an IX (9 octobre 1800), par laquelle le général français Abdallah-Jacques Menou interdit dans toute l'Égypte « l'usage de la liqueur forte [...] nommée haschich, ainsi que celui de fumer de la graine de chanvre ». La présence française en Égypte est de courte durée, et dans le reste de l'empire français, l'administration préfère la taxation des denrées narcotiques à leur prohibition. Dans les comptoirs français de l'Inde, au Maroc et en Tunisie, l'État institue des monopoles de production et de distribution qu'il administre directement ou qu'il confie à des exploitants privés. Les autorités françaises mettent ainsi l'exploitation du cannabis au service de l'expansion coloniale.

À savoir

Dans le protectorat français de Tunisie, la vente de fleurs de cannabis est donnée à ferme à des particuliers dans le cadre d'une régie directe. Au Maroc, une entité privée, la Société internationale de régie co-intéressée des tabacs, se voit confier le monopole général du kif par les autorités coloniales. Dans les deux cas, le commerce de cannabis récréatif perdure jusqu'au milieu du XXe siècle. Il est finalement interdit en 1954, quelques mois avant l'accession à l'indépendance de ces deux territoires.

La politique mise en œuvre dans de nombreuses colonies britanniques relève d'une logique comparable. Maîtres du sous-continent indien où l'usage de cannabis est traditionnellement massif, les Anglais profitent de ce marché immense pour en tirer de fructueux bénéfices. Sous couvert de décourager l'usage abusif de cannabis en contrôlant la distribution et en taxant son commerce, les administrateurs coloniaux établissent de lourds dispositifs d'imposition. Il en va de même dans les Caraïbes, où l'introduction du cannabis par la main-d'œuvre indienne donne lieu à l'institution d'un système de licences d'importation. En Égypte sous domination britannique au contraire, l'administration coloniale se résout à maintenir l'interdiction prise par les autorités locales : le commerce de cannabis est formellement interdit bien qu'il soit en pratique largement consommé.

Stigmatisation nationale

Encadrée à des fins fiscales dans les colonies, l'utilisation de cannabis récréatif ne fait en revanche l'objet d'aucune réglementation dans les territoires métropolitains. La consommation de ce produit à des fins récréatives est, il est vrai, quasi inexistante en Occident tout au long du XIXe siècle. Cette pratique n'en est pas moins stigmatisée dans la littérature savante. Ouvrages généraux sur l'opium ou le haschich, traités d'hygiène et enquêtes coloniales diverses, les sources ne manquent pas pour dénoncer les pratiques d'intoxication des peuplades étrangères, et pour mettre en garde contre une contamination, toujours possible, de la population nationale.

Dans le discours médical, le cannabis trouve sa place à côté des nouveaux médicaments que sont la morphine, la cocaïne et l'héroïne, dont on prescrit l'usage mais déplore l'abus. Si le haschich est considéré comme un remède dans le traitement de certaines affections, on lui reconnaît très tôt un caractère pathogène et on le qualifie, à l'instar des autres modificateurs de conscience, de « poison de l'intelligence ».

Citation

En 1845, alors que la littérature médicale sur les conséquences de la consommation de cannabis est encore embryonnaire, Édouard Berthault, dans sa thèse pour le doctorat en médecine soutenue à la faculté de médecine de Paris, ne s'embarrasse pas de nuances : « Considérons maintenant les effets du haschich au point de vue hygiénique et moral : tous les auteurs sont d'accord sur ce point, que l'usage continué de cette substance abrutit l'espèce humaine, et peut conduire à l'idiotisme et à la folie. »

Le tableau clinique des diverses manies à base de substances est progressivement unifié. La « folie hachichique » est inscrite dans la catégorie des psychoses toxiques. L'intoxication volontaire est progressivement assimilée à un trouble mental. Rattaché aux maladies de l'esprit, l'usage régulier de drogues en dehors de tout contexte thérapeutique est interprété à l'aune d'une théorie de la dégénérescence qui disqualifie socialement les consommateurs : malades en danger, ceux-ci sont également considérés comme des personnes dangereuses. L'alliance de l'hygiène publique et de la médecine légale fait ainsi le lit de l'exclusion sociale du « toxicomane ».

Parés d'un vernis scientifique, les discours sur le prosélytisme des usagers de drogues, sur leurs penchants criminels, leurs déviances sexuelles et leur absence de patriotisme, nourrissent les rubriques des faits divers dans la presse occidentale de la fin du XIXe siècle. Mais les appels à légiférer au nom de l'ordre public, de la morale et de la santé, formulés par les associations médicales et les organisations philanthropiques, ne rencontrent guère d'écho jusqu'au début du XXe siècle. La question du contrôle des drogues prend alors une dimension internationale.

Prohibition mondiale

En 1909, les puissances européennes et les pays d'Asie se réunissent à Shanghai, à l'initiative des États-Unis, pour évoquer la question du contrôle de l'opium. Le cycle de négociations diplomatiques qui débute à cette occasion conduit à l'établissement du premier traité international restreignant la production, le commerce et l'usage de drogues. Signée en 1912 par douze États, la convention de La Haye porte exclusivement sur l'opium, la morphine et la cocaïne. Un protocole additionnel invite néanmoins à « étudier la question du chanvre indien aux points de vue statistique et scientifique dans le but de régler, si la nécessité s'en fait sentir, par la législature intérieure ou par un accord international, les abus de son emploi ». D'autres traités se sont depuis succédés pour établir une rigoureuse prohibition du cannabis à l'échelle du globe.

Dans le droit international

La convention de l'opium, signée à Genève en 1925, invite les États à édicter « des règlements efficaces de façon à limiter exclusivement aux usages médicaux et scientifiques » les « préparations galéniques (extrait et teinture) de chanvre indien ». Le traité subordonne par ailleurs le commerce international de cannabis à l'émission d'un certificat de l'État importateur attestant que le produit n'est pas destiné à un usage récréatif.

La convention unique sur les stupéfiants de 1961 prévoit que l'ensemble des opérations (production, fabrication, distribution, commerce, emploi et détention) portant sur les fleurs de cannabis et sur sa résine soient limitées à des fins médicales et scientifiques.

La convention contre le trafic illicite de stupéfiants et de substances psychotropes de 1988 invite tous les États parties à conférer le caractère d'infraction pénale à la détention de cannabis, y compris quand celle-ci est limitée à des fins de consommation personnelle.

Les préambules des traités qui organisent le contrôle des drogues à l'échelle mondiale témoignent d'un généreux idéal philanthropique. Il s'agit officiellement de lutter contre un « danger d'une gravité incommensurable » : le « fléau de la toxicomanie ». Les historiens soulignent néanmoins la faiblesse des arguments scientifiques qui ont présidé au choix des substances interdites. Si le cannabis a ainsi été progressivement soumis à une prohibition très stricte, à l'instar de la plupart des plantes psychoactives cultivées dans les pays du Sud, l'alcool et le tabac ont toujours été exclus de ces règles internationales.

Les rapports de force géopolitiques ont également puissamment contribué aux modalités du dispositif de contrôle international, celui-ci ayant servi, sous l'influence des États-Unis, à l'exportation stratégique d'un modèle privilégiant une réponse coercitive axée sur l'éradication de l'offre et de la demande de cannabis plutôt que sur le développement d'alternatives économiques dans les pays producteurs, et de politiques de santé publique dans les pays consommateurs.

Diversité des modèles prohibitionnistes

Pratique partagée par de nombreuses sociétés traditionnelles pendant des millénaires, l'usage de cannabis à des fins psychoactives a été, au cours du XXe siècle, banni par le droit dans tous les pays du monde.

Inscrit dans un mouvement plus général de prohibition des drogues culturellement étrangères à l'Occident, ce processus s'est déployé différemment selon les régions. La diffusion de l'interdiction du cannabis ne s'est pas faite au même rythme dans tous les pays et les formes qu'elle a revêtues ont également varié. Si certains États ont mis la prohibition au service de la répression, d'autres ont choisi d'interdire l'usage de cannabis sans le punir.

Diffusion de l'interdiction

Au XIXe siècle, l'Égypte (1868), la Turquie ottomane (1877) et la Grèce (1890) interdisent le cannabis récréatif. Ces politiques font à l'époque figure d'exception. Ailleurs, le droit ne se préoccupe ni du chanvre indien ni des autres drogues. Cette indifférence perdure jusque dans les années 1910. La consommation de cannabis en Europe et en Amérique est alors marginale, mais dans l'imaginaire collectif, il est associé à l'opium, à la cocaïne et à l'héroïne. Plusieurs États occidentaux choisissent alors de soumettre ce produit à un régime prohibitif.

La France est précurseur en la matière. Une loi du 12 juillet 1916 y interdit le cannabis non médical. À la même époque, des législations comparables sont votées aux États-Unis, d'abord à l'échelle de certains États fédérés (Californie en 1915, Texas en 1919, Louisiane en 1924...), puis au niveau fédéral (*Marijuana Tax Act* de 1937), au Canada (1923), et dans de nombreux pays européens (le Royaume-Uni en 1928, l'Allemagne en 1929...).

Ces politiques nationales, qui trouvent une justification dans la dynamique prohibitionniste internationale, contribuent à renforcer ce mouvement à l'échelle mondiale. La volonté d'éradiquer l'usage du cannabis s'étend à l'ensemble de la planète. Il s'impose dans les colonies accédant à l'indépendance, parfois par adhésion idéologique des élites locales à l'idéal de tempérance, plus souvent par nécessité politique, comme condition de respectabilité des jeunes États sur la scène internationale. C'est ainsi que même dans les pays du Sud où le cannabis fait partie intégrante de la culture sociale ou religieuse depuis des siècles, comme le Maroc, l'Inde ou le Pakistan, l'interdiction s'est imposée en droit, sinon en pratique.

En droit

Aujourd'hui, presque tous les États du monde (190 sur les 193 reconnus par l'Organisation des Nations unies) sont partie prenante du régime international de contrôle des drogues. Ils sont à ce titre tenus juridiquement d'interdire la production, le commerce et l'usage de cannabis, à l'exception des opérations dont les finalités sont scientifiques, médicales ou industrielles.

Le droit international est affaire d'interprétation et les États disposent d'importantes marges de manœuvre dans sa mise en œuvre. Traditions juridiques nationales et spécificités culturelles locales déterminent fortement le traitement réservé aux producteurs, trafiquants et amateurs de cannabis. La prohibition mondiale se pense ainsi au singulier mais se décline au pluriel, à travers une variété de modèles nationaux inscrits sur un continuum qui s'étend de la répression la plus rigoureuse à une tolérance bienveillante.

Prohibition et répression

Historiquement, les politiques de suppression du cannabis ont recouru non seulement au droit fiscal et au droit médical pour en restreindre l'offre légale, mais également au droit pénal pour en sanctionner la production, le trafic et l'usage illicite. La répression fait partie des moyens que le droit international demande explicitement aux États de mobiliser dans leur lutte contre la drogue : ceux-ci doivent prévoir un « châtiment adéquat » en cas de transgression de l'interdit.

En théorie, le recours au droit pénal a pour objectif d'exprimer l'attachement de la société à l'égard de certaines valeurs, de dissuader la violation de certaines règles et, le cas échéant, de punir l'infracteur pour le mal commis et de le corriger afin qu'il ne réitère pas. En pratique, d'autres finalités moins avouables, comme la stigmatisation de certains groupes sociaux, déterminent parfois la décision d'incriminer tel ou tel comportement. Les politiques pénales destinées à mettre en œuvre la prohibition du cannabis ont servi cet objectif dans certains pays.

Aux États-Unis notamment, la criminalisation de l'usage et du trafic de marijuana a été conçue, dès l'origine, comme une croisade idéologique lourde d'arrière-pensées racistes. En témoigne la figure historique de Harry J. Anslinger. L'homme qui porta le projet d'interdiction fédérale du cannabis devant la Chambre des représentants en 1937 dirigea également, pendant plus de trente ans, le Federal Bureau of Narcotics, l'agence gouvernementale américaine de lutte contre les drogues.

Citation

Pour Anslinger, la prohibition du cannabis devait « protéger » la communauté blanche : « La plupart des fumeurs de marijuana sont des Noirs, des Hispaniques, des Philippins et des artistes. La marijuana inspire leur musique diabolique, le jazz et le swing. La marijuana incite les femmes blanches à avoir des relations sexuelles avec des Noirs. »

Aux fantasmes racistes s'ajoute, dans les années 1960, le souci politique de disposer de leviers efficaces pour contenir les mouvements pacifistes et libertaires. Quand la marijuana devient un symbole de la contre-culture sur les campus américains, sa pénalisation permet de marginaliser une jeunesse turbulente. La « guerre à la drogue » a ainsi été mise au service de la répression des usagers de cannabis à partir de la présidence de Richard Nixon, et plus encore dans années 1980, à la faveur de la révolution conservatrice portée par Ronald Reagan.

Nulle part l'instrumentalisation de la prohibition du cannabis à des fins punitives n'est plus évidente qu'aux États-Unis. Mais partout où le droit pénal a constitué l'outil privilégié de mise en œuvre de l'interdiction s'observent, à des degrés divers, des effets symboliques et institutionnels comparables. Au-delà des peines d'amende et de prison, le caractère infamant de la sanction criminelle permet la disqualification sociale d'individus en raison de leurs pratiques culturelles, et donne l'opportunité à l'appareil d'État d'étendre son activité de contrôle sur certaines parties de la population.

Interdire sans punir

Si les États sont tenus de faire cesser les entorses au régime international de contrôle des drogues en recourant au droit pénal, ils restent néanmoins libres de déterminer le degré de sévérité des sanctions applicables. Dès lors, si l'interdiction du cannabis est inscrite dans le droit de la plupart des nations, la transgression de cette prohibition n'est pas partout punie avec la même intensité. Il arrive même qu'elle soit traitée avec une relative indifférence par les autorités publiques.

En pratique Une stratégie communément mise en œuvre par certains États consiste à fermer les yeux sur des actes pourtant légalement répréhensibles. C'est le cas au Cambodge, en Inde, au Maroc, ou au Pakistan où, en dépit d'un droit théoriquement très répressif, les forces de l'ordre font preuve d'une évidente tolérance à l'égard des infractions mineures à la législation sur le cannabis. Cette indulgence se nourrit d'une part du caractère traditionnel et socialement admis de l'usage de cette drogue, et d'autre part de modalités négociées d'application de la loi pénale, et d'un recours plus ou moins répandu au bakchich.

Mais ces pays du Sud où le cannabis fait historiquement partie intégrante de la culture ne sont pas les seuls à mettre en œuvre le principe prohibitionniste de manière non punitive. Dans plusieurs États occidentaux, des accommodements comparables existent à l'égard de pratiques dont on estime que la dangerosité est insuffisante pour justifier une coûteuse répression. Si le trafic de grande ampleur est toujours sanctionné, l'usage, la détention et la distribution de petite quantité de cannabis sont ainsi dépénalisés, selon des modalités juridiques variables, dans de nombreux pays européens, ainsi qu'en Amérique et en Océanie.

Définition

La dépénalisation donne lieu à l'adoucissement de la sanction pénale prévue pour la commission d'un acte tout en maintenant le caractère illégal de ce dernier. En matière d'usage de drogue, la dépénalisation consiste généralement à réduire la peine à une contravention, voire à lui substituer un avertissement informel. On distingue la dépénalisation *de jure*, qui consiste à réduire les sanctions pénales par voie législative, et la dépénalisation *de facto*, lorsque, pour des raisons institutionnelles variées, une infraction n'est pas sanctionnée à la mesure de ce que prévoit la loi.

En Europe, les Pays-Bas constituent un exemple emblématique de dépénalisation du cannabis. La détention et la vente de cette drogue y sont illégales mais néanmoins tolérées en *coffee shops*. Ces établissements, officiellement de simples boutiques de café, voient leur activité officieuse rigoureusement encadrée ainsi que l'illustrent les règles qui leur sont applicables :

» autorisation nécessaire de la mairie pour ouvrir une boutique ;
» possibilité pour les autorités de restreindre l'accès aux seuls résidents ;
» défense de vendre ou de consommer d'autres drogues sur place ;

» interdiction de la publicité et des vitrines ostentatoires ;
» possibilité de fermeture immédiate en cas de troubles à l'ordre public ;
» accès interdit aux personnes de moins de 18 ans ;
» transactions limitées à 5 grammes par personne et par jour ;
» stock en boutique inférieur ou égal à 500 grammes.

De manière générale, une priorité basse est assignée à la poursuite des infractions à la législation sur le cannabis dans de nombreux pays. Il en résulte une dépénalisation *de facto* de cette drogue.

La détention de petite quantité de cannabis n'est souvent plus considérée comme un délit (Allemagne, Australie, Colombie, Portugal...). Sa culture à des fins de consommation personnelle est parfois également tolérée (Italie...), y compris quand elle est organisée de manière collective sous l'égide d'associations à but non lucratif : les Cannabis Social Clubs ont ainsi accédé à une reconnaissance quasi officielle en Espagne et au Mexique. Ce n'est pas le cas en France où un régime d'interdiction intégrale perdure.

La prohibition à la française

Dès 1916, le législateur français soumet le haschich, à l'instar de l'opium et de la cocaïne, à une rigoureuse réglementation prohibitionniste. « Ceux qui auront usé en société desdites substances ou en auront facilité à autrui l'usage » sont désormais passibles de prison.

Une inflexion médicale est donnée à cette approche répressive quand, en 1953, est introduite la possibilité d'imposer des mesures de sûreté curative aux toxicomanes. À partir des années 1970, cette logique sanitaire s'installe, en apparence, au cœur de la politique de lutte contre les drogues. Le droit, qui s'abstient de distinguer entre les types de produits et les formes d'usage, prétend à la fois réprimer le trafic de cannabis et désintoxiquer les consommateurs de ce produit. En pratique, l'arsenal pénal établi a surtout permis de les punir massivement.

Soigner plutôt que punir

Fruit d'une panique morale entretenue par les médias qui firent leurs choux gras du « fléau de la drogue » à la fin des années 1960, la loi du 31 décembre 1970 constitue le socle juridique qui détermine, aujourd'hui encore, la réponse des autorités publiques à la consommation de cannabis. Conçu comme rempart symbolique contre les drogues, ce texte est dominé par une préoccupation de resocialisation des déviants. Empreint de paternalisme, l'esprit de la loi de 1970 est sans ambiguïté : le drogué est un délinquant, mais c'est avant tout un malade que les auteurs de la loi prétendent « guérir ». Les députés n'envisagent sa punition qu'avec « une extrême prudence », sous la contrainte de la nécessité « si l'on ne peut obtenir de résultats par une voie moins coercitive ».

En droit

La primauté accordée au soin se traduit notamment par la possibilité offerte au consommateur de cannabis d'échapper aux poursuites judiciaires en s'engageant dans une démarche thérapeutique. L'article L3423-1 du Code de la santé publique dispose que « l'action publique n'est pas exercée à l'égard des personnes ayant fait un usage illicite de stupéfiants lorsqu'il est établi qu'elles se sont soumises, depuis les faits qui leur sont reprochés, à une mesure de soins ou à une surveillance médicale adaptées ».

Sur l'ensemble du territoire, des consultations gratuites et confidentielles sont proposées dans des centres spécialisés pour prendre en charge les addictions au cannabis. Les consommateurs rétifs à ce type d'accompagnement peuvent, par ailleurs, se voir imposer par la justice une injonction thérapeutique, une mesure qui vise à les libérer de l'emprise la drogue par l'entremise d'un soin médical obligatoire. Les juges peuvent également ordonner aux usagers de cannabis de suivre un stage de sensibilisation aux dangers des produits stupéfiants, afin de leur faire prendre conscience des dommages individuels et des incidences sociales de leur comportement.

Ces dispositifs de rééducation n'ont malheureusement pas tenu leurs promesses. L'injonction thérapeutique est sans objet pour les millions d'utilisateurs de cannabis qui ne sont pas dépendants, et inefficace pour répondre à la détresse des usagers problématiques : son caractère coercitif est en effet peu propice à une désintoxication durable, laquelle requiert l'adhésion du toxicomane. Quant au stage de sensibilisation aux dangers des stupéfiants, les études démontrent qu'il ne convainc pas ceux qui y sont condamnés. Devant la faiblesse de ces résultats, on a progressivement abandonné l'idée d'une justice prophylactique qui soignerait la « déviance pathologique » des consommateurs de cannabis en les soumettant, de gré ou de force, à des mesures d'accompagnement.

Le traitement pénal des usagers, envisagé en son temps presque à regret par le législateur, a connu une destinée plus favorable.

Le traitement pénal

Portée par une ambition sanitaire, la loi de 1970 contenait, sans les valoriser, les ressources nécessaires à une rigoureuse pénalisation des consommateurs de cannabis. L'incrimination de l'usage de stupéfiants était conçue comme un « filet de sécurité » destiné à venir en aide aux toxicomanes refusant le traitement médical. Les parlementaires, confiants dans le dispositif thérapeutique mis en place, avaient estimé à l'époque que la sanction de l'usage resterait exceptionnelle. L'arme pénale devait en revanche permettre de contenir « l'épidémie » en mettant hors d'état de nuire les drogués susceptibles de transmettre leur vice : l'usager prosélyte et l'usager revendeur font ainsi l'objet d'un traitement juridique particulier.

En droit

Le Code de la santé publique punit l'usage illicite de stupéfiants d'un an d'emprisonnement et de 3750 euros d'amende (article 3421-1). La présentation sous un jour favorable de la consommation de cannabis est pour sa part un comportement passible de cinq ans d'emprisonnement et de 75 000 euros d'amende (article 3421-4). Lorsque ce délit constitue une provocation directe à l'usage et est commis dans des établissements d'enseignement ou à leurs abords, la peine est portée à sept ans d'emprisonnement et à 100 000 euros d'amende. Quant aux consommateurs partageurs ou aux petits « dealers » qui cèdent, à titre onéreux ou gratuit, du cannabis à une personne en vue de sa consommation personnelle, ils risquent cinq ans d'emprisonnement et 75 000 euros d'amende (article 222-39 du Code pénal).

En 1970, les députés et les sénateurs se voulaient implacables à l'égard des trafiquants, qualifiés lors des débats parlementaires de « marchands de mort ». Le Code pénal punit ainsi de la réclusion criminelle à perpétuité le fait de diriger ou d'organiser un groupement ayant pour objet le trafic de stupéfiants. La production, la fabrication, l'importation, l'exportation, le transport, la détention, l'offre, la cession ou l'acquisition de cannabis sont également passibles de lourdes sanctions (article 222-35 et suivants du Code pénal). Le spectre large de ces infractions augmente significativement le risque pénal pour les consommateurs. En effet, l'usage de drogue ne se conçoit guère sans sa détention, son achat, voire sa production. Or, ces agissements sont sévèrement réprimés. Ainsi l'usager de cannabis commet-il nécessairement des actes d'achat ou de détention de stupéfiants, lesquels sont théoriquement punissables de dix ans de prison. Quant à l'horticulteur amateur qui cultive sa plante, il encourt une peine de réclusion criminelle de vingt ans de prison.

Cet arsenal pénal a été durci, depuis deux décennies, par des réformes procédurales qui alignent peu ou prou le régime applicable aux infractions en matière de stupéfiants sur celui des crimes terroristes. Ainsi, la détention d'un gramme de cannabis peut-elle justifier une garde à vue de 96 heures sans intervention de l'avocat avant la 72e heure. Contrairement au droit commun, les perquisitions de nuit sont autorisées en cas de suspicion de trafic. Enfin, pour mener leurs enquêtes, les agents de police judiciaire ont la possibilité d'acquérir et d'organiser la vente de drogue sous le contrôle de l'autorité judiciaire. Ces dispositifs, qui révèlent l'existence d'une procédure d'exception, ont fait le lit de la dérive répressive qui frappe aujourd'hui certains consommateurs de cannabis.

Une dérive répressive

L'échec du projet sanitaire, qui justifia en son temps l'incrimination de la consommation de stupéfiants, aurait pu amener à remettre en question la pénalisation de ce comportement. C'est finalement le contraire qui s'est produit. Le système judiciaire s'est progressivement concentré sur la sanction en espérant que la fonction dissuasive de la peine suffirait à mettre en œuvre l'objectif d'éradication des drogues porté par la loi. La répression des usagers de cannabis est ainsi devenue de plus en plus massive.

En chiffres Entre 1990 et 2019, le nombre d'infractions à la législation sur les stupéfiants enregistrées par les services de police et de gendarmerie a été multiplié par 7 (212 939 affaires en 2019). Dans plus de 90 % des cas, ces affaires concernent des consommateurs de cannabis. À la hausse des interpellations correspond une hausse des condamnations pénales : dans la grande majorité des cas, l'usager de cannabis est condamné à une peine d'amende, et plus rarement à une peine d'emprisonnement (12 % des condamnations pour usage en 2015).

Cette hausse de la répression a deux causes. D'une part le choix politique d'apporter une réponse pénale systématique à la consommation de cannabis pour éviter le sentiment d'impunité ressenti par les consommateurs. D'autre part une gouvernance administrative qui encourage les forces de l'ordre à « faire du chiffre » sur le dos des usagers de cannabis. Interpeller un consommateur vaut en effet résolution d'une affaire et contribue ainsi mécaniquement à améliorer le taux d'élucidation des unités de police. La Cour des comptes a ainsi pu relever que « l'action des services de sécurité publique au cours des dernières années en matière de produits stupéfiants a été marquée par la priorité accordée, dans une approche essentiellement statistique, à la répression de la consommation ».

En dépit de l'accentuation de la répression, seule une petite partie des consommateurs est interpellée par la police, et parmi elle, une part encore plus réduite est effectivement sanctionnée. Reste que jamais la justice n'a autant poursuivi les usagers de cannabis. Et comme tous les contentieux de masse, cette action répressive mobilise d'importants moyens opérationnels. Afin d'accélérer ces procédures et d'en réduire le coût, le législateur a confié à la police le soin de distribuer aux consommateurs des « amendes forfaitaires délictuelles » inscrites au casier judiciaire sans qu'il soit nécessaire de passer par le juge, tout en laissant intacte la possibilité d'une poursuite devant le tribunal correctionnel. Adoptée en 2020, cette réforme illustre l'abandon de toute ambition sanitaire dans le traitement, désormais essentiellement punitif, réservé aux usagers de cannabis.

En chiffres En 2019, une étude du Conseil d'analyse économique estimait que 90 % de la dépense publique consacrée à la lutte contre l'usage et le trafic de cannabis en France était attribuée à la répression, les 10 % restants étant répartis entre le soin, la prévention et la recherche.

Le tournant répressif semble n'avoir eu aucun effet dissuasif sur les consommateurs. Confirmant les comparaisons internationales qui mettent en lumière l'absence de corrélation entre la sévérité du droit applicable et la prévalence de l'usage de drogues illicites, les enquêtes épidémiologiques indiquent que la consommation de cannabis atteint en France des niveaux très élevés par rapport à d'autres pays européens qui mettent en œuvre des politiques plus tolérantes. Ce « paradoxe français » explique que la légalisation ne soit désormais plus considérée comme une hypothèse farfelue, mais bien comme une piste à explorer sérieusement.

DANS CE CHAPITRE

Les promoteurs de la légalisation

L'autorisation du cannabis médical

Les expériences étrangères de régulation

Chapitre 3
La légalisation du cannabis en marche

Alors que la légalisation du cannabis est exclue par le droit international, la réforme est en marche et le dogme prohibitionniste est menacé. C'est par le biais de sa réintroduction dans la gamme des thérapeutiques autorisées, sous l'influence d'usagers militants, que cette drogue a retrouvé une forme de licéité dans de nombreux pays. Cette autorisation à des fins médicales semble ne devoir être qu'une étape dans un mouvement de libéralisation plus général, ainsi que l'illustrent les expériences de légalisation qui se sont récemment multipliées sur le continent américain.

Les acteurs de la légalisation

Les forces sociales qui contribuent à faire avancer l'idée d'une légalisation du cannabis sont extrêmement variées. S'y côtoient des organisations non gouvernementales, des fondations de richissimes donateurs, des associations de professionnels ou d'usagers, des intellectuels et des activistes autonomes, qui agissent à diverses échelles, transnationale, nationale, ou locale. Ces acteurs produisent des argumentaires hétérogènes, relevant de registres différents, et aboutissant à des recommandations parfois opposées. Il n'est pas facile de cartographier cette galaxie. Les frontières sont incertaines entre la communauté des experts, qui revendique une rigoureuse neutralité scientifique, et les groupes de la société civile qui assument, à un titre ou un autre, une parole plus politique du fait de leurs convictions ou de leurs intérêts.

Les experts

Les réserves scientifiques exprimées sur la pertinence de l'interdiction du cannabis ne datent pas d'hier. En 1894, la Commission sur le chanvre indien rendait déjà, à la demande de la Chambre des communes britanniques, la première et sans doute l'une des plus exhaustives études consacrées au cannabis et à ses usages dans le sous-continent indien. La prohibition, qui n'était à l'époque qu'un vague projet porté par quelques parlementaires de la Couronne, y est disqualifiée au profit d'une réglementation destinée à encadrer légalement la production et la distribution de cannabis dans la colonie britannique.

Depuis ce rapport, de nombreuses études ont été commanditées par les gouvernements nationaux pour évaluer la pertinence de la prohibition : rapport La Guardia (New York, 1944), rapport Wootton (Royaume-Uni, 1969), rapport Baan (Pays-Bas, 1972), rapport Le Dain (Canada, 1972)... La plupart de ces travaux ne se prononcent pas sur la pertinence d'une légalisation du cannabis, mais ils insistent en général sur sa relative innocuité et suggèrent, dans leur majorité, que son usage soit dépénalisé.

La France n'est pas en reste. Depuis le rapport rédigé en 1978 par Monique Pelletier, qui considérait comme injustifiés tant la prison que le traitement médical pour le consommateur de cannabis, plusieurs comités et missions *ad hoc* ont suggéré un assouplissement du droit en vigueur : Avis du Comité consultatif national d'éthique (1994), Rapport de la Commission de réflexion sur la drogue et la toxicomanie, dit rapport Henrion (1995), Rapport au secrétariat d'État à la Santé sur la dangerosité des drogues, dit rapport Roques (1999), Rapport « Vaillant » sur la légalisation contrôlée du cannabis (2011), Avis de la Commission nationale consultative des droits de l'homme (2016)...

Citation

Dans un avis rendu le 8 octobre 2016, la Commission nationale consultative des droits de l'homme « recommande la décriminalisation du seul usage des produits cannabiques, dont la spécificité est pointée par de nombreux rapports et études ».

Cette littérature grise, vite rangée au fond des tiroirs par une classe politique peu désireuse de s'atteler à une réforme qu'elle estime impopulaire, reflète une opinion très largement partagée par la communauté scientifique et médicale : si les dangers de l'usage de cannabis, notamment chez les plus jeunes, ne doivent pas être sous-estimés, la réponse institutionnelle qui articule interdit et répression est contre-productive tant sur le plan sanitaire que sur le plan sécuritaire. Sans surprise, ce constat, souvent relayé sous forme de tribunes dans la presse généraliste et les journaux spécialisés, est partagé par les collectifs d'usagers qui militent pour une évolution du droit.

Les militants

Les militants de la légalisation ont des profils variés : hippies désobéisseurs, poètes inspirés, médecins engagés, patients adeptes de l'automédication ou juristes experts. Ils se prévalent souvent d'un savoir expérienciel, admettent parfois ouvertement l'usage, la détention, voire la production de cannabis, et revendiquent le droit de ne pas être puni pour ces actes. Ces militants sont à l'origine d'une contre-culture cannabique qui célèbre la plante, étudie les évolutions de son statut juridique aux quatre coins du monde, et promeut des bonnes pratiques d'usage et de production. Ce savoir d'usager-expert, qui verse parfois dans le prosélytisme, est diffusé dans des publications underground et sur de multiples sites Internet.

La communauté des militants pro-cannabis a son panthéon d'activistes, ses congrégations et ses querelles de chapelles. Certaines figures iconiques ont une réputation qui dépasse les frontières de leur pays (par exemple l'Américain Jack Herer). Les rituels contestataires se sont mondialisés (la *Global Marijuana March* est organisée le premier samedi de mai dans plusieurs dizaines de pays) et les organisations antiprohibitionnistes sont intégrées à des réseaux internationaux (par exemple l'International Drug Policy Consortium). Mais la lutte, qui passe notamment par l'élaboration de stratégies judiciaires et politiques, s'inscrit le plus souvent dans un cadre national.

L'Appel du 18 joint

En France, l'« Appel du 18 joint » publié en 1976 par le quotidien *Libération* constitue l'événement fondateur de ce militantisme qui défend les droits des consommateurs de cannabis. Signé par des personnalités du monde du spectacle, des intellectuels et des médecins (parmi lesquels Gilles Deleuze, Bernard Kouchner, Edgar Morin...), ce manifeste réclamait « la dépénalisation totale du cannabis, de son usage, sa possession, sa culture (autoproduction) ou son introduction sur le territoire français en quantité de consommation courante ».

Reprenant l'idée de cet appel, le Collectif d'information et de recherche cannabique (CIRC) organise, tous les 18 juin, des rassemblements dans diverses villes de France, pour réclamer la légalisation du cannabis. S'y retrouvent sympathisants et militants acquis à la cause de la légalisation, un groupe dont le noyau dur augmente depuis quelques années, à en croire la multiplication des associations défendant cette cause.

Les industriels

Une catégorie d'acteurs économiques, intéressée celle-ci par les revenus que peut générer le marché légal du cannabis, s'est également impliquée en faveur de la légalisation. Contrairement aux trafiquants, qui profitent de l'interdit, ces entrepreneurs exploitent les espaces étroits de liberté commerciale dont ils disposent et s'efforcent de les élargir.

Dès les années 1970, la vente de papier à rouler, pipes et autres gadgets destinés aux consommateurs de marijuana finançait les organisations américaines militant pour la sortie de la prohibition. Ce commerce, licite à défaut d'être honorable, s'est depuis développé autour de la vente de matériel permettant la culture de cannabis (notamment en intérieur) et de graines sélectionnées, graines dont la vente est autorisée mais la germination interdite. Par intérêt bien compris, les entreprises de ce secteur sponsorisent actions militantes et publications pro-légalisation.

À savoir De nouvelles sociétés, positionnées sur le créneau du cannabis légal dans les États qui en autorisent l'usage médical, et plus rarement récréatif, optent pour des formes de lobbying plus technocratiques. À la recherche de nouveaux marchés, ces entreprises cherchent à influencer les gouvernements réticents à s'engager dans un assouplissement de leur droit. Elles sont accompagnées par des sociétés de conseil et des cabinets d'avocats qui produisent rapports et argumentaires conférant une onction de crédibilité à l'hypothèse d'une légalisation prochaine du cannabis dans un nombre croissant de pays. À ce jour, ce lobbying apparaît bien moins puissant que celui existant dans d'autres secteurs, comme l'alimentation, le vin ou l'automobile...

En France, cette dynamique entrepreneuriale en faveur d'une réglementation plus accommodante s'illustre dans l'action du jeune Syndicat professionnel du chanvre. Réunissant producteurs et industriels, cet organisme cherche à redéfinir la frontière séparant les domaines du chanvre industriel (licite) et du cannabis psychoactif (illicite). Cette stratégie, qui consiste à développer de nouveaux produits non psychotropes à partir du cannabis (la détente sans l'ivresse, l'herbe sans la défonce) pour lui conférer une respectabilité nouvelle, a déjà conduit certaines boutiques à proposer à la vente de l'huile de CBD et des fleurs de chanvre à faible teneur en THC. Ce commerce, dont la légalité a été confirmée par la Cour de justice de l'Union européenne (arrêt Kanavape, C-663/18, 19 novembre 2020), contribue à modifier le regard de la société sur le cannabis, y compris celui des hommes et des femmes politiques.

Les politiques

La domination de l'idéologie prohibitionniste a longtemps contribué à donner au cannabis une aura si sulfureuse que sa légalisation était, jusqu'à une date récente, politiquement inconcevable. La dépénalisation de l'usage de cette drogue a en revanche été officiellement envisagée et parfois mise en œuvre dans certains États à partir des années 1970. Supportée par des hommes politiques de premier plan (par exemple le président Jimmy Carter aux États-Unis, ou le Premier ministre Pierre Trudeau au Canada), cette approche a cédé le pas à des positions plus intransigeantes à partir des années 1980.

À cette époque, l'internationalisation de la « guerre à la drogue » et l'instrumentalisation électorale des questions de sécurité se sont accompagnées, dans de nombreux pays, d'une dramatisation des risques liés à l'usage et aux trafics de cannabis peu propice à l'expression de positions réformatrices sur ce sujet.

Dans les années 1990, quand l'épidémie de sida et son lourd bilan humain imposèrent la réduction des risques comme nouvel horizon de la politique des drogues, la possibilité d'une légalisation du cannabis a commencé à être envisagée dans plusieurs pays. Cette idée a souvent été portée par des outsiders cherchant à se faire remarquer dans le débat public ou par des personnalités politiques en fin de carrière. Mais le cadre contraignant du droit international et l'autorité de la doxa prohibitionniste ont longtemps cantonné cette perspective à une hypothèse d'école.

À savoir En France, la légalisation du cannabis reste une question politique de second ordre. Les écologistes et le Parti radical de gauche sont les seuls à avoir historiquement défendu le principe d'une telle réforme, accueillant ponctuellement sur leurs listes des militants antiprohibitionnistes. Quelques hommes politiques de premier plan, de gauche (Daniel Vaillant) comme de droite (Alain Madelin), se sont engagés avec force sur le sujet, mais sans jamais réussir à mobiliser leur parti derrière eux. Longtemps taboue, la possibilité d'une sortie de la prohibition du cannabis sert désormais de signe de distinction aux uns, d'épouvantail aux autres, mais elle ne semble pas être d'actualité.

Cette situation n'est pas propre à la France. Confrontés à la difficulté de faire advenir des coalitions partisanes à même de faire avancer la cause de la légalisation du cannabis, certains acteurs politiques ont choisi de déplacer le débat sur la scène transnationale. La Global Commission on Drug Policy qui réunit, en dehors de tout mandat officiel, plusieurs anciens chefs d'État, des hauts-fonctionnaires internationaux et des experts de premier plan, et quelques icônes culturelles, plaide depuis une décennie pour une réforme des politiques des drogues et pour une régulation du marché du cannabis.

Le grand retour du cannabis médical

Longtemps marginalisés, les acteurs de la cause antiprohibitionniste ont trouvé, dans les propriétés thérapeutiques du cannabis, un argument de poids pour faire avancer leur combat. La confirmation scientifique de l'intérêt de cette plante dans le traitement de certaines pathologies graves a été l'occasion d'attirer l'attention sur l'existence de consommateurs ne présentant aucune des caractéristiques inquiétantes traditionnellement assignées aux « drogués ». Ces malades au profil respectable ont développé un argumentaire compassionnel réclamant la fin de la répression dont ils étaient victimes ainsi qu'un accès sécurisé à leur médicament. Initié par quelques pionniers américains, le mouvement de légalisation du cannabis médical a conquis de très nombreux pays. La France, qui a longtemps résisté à cette évolution, pourrait bien leur emboîter le pas.

Les pionniers américains du cannabis médical

C'est aux États-Unis que la réintroduction du cannabis dans l'ordre des remèdes autorisés a été initiée. Il est remarquable que ce processus trouve son origine non dans une décision des autorités médicales, mais dans l'action politique des patients et de leurs proches. Avec le concours d'organisations antiprohibitionnistes, des malades souffrant du glaucome, du cancer et du sida ont mené, à partir des années 1980, un travail de sensibilisation auprès des responsables politiques et de l'opinion publique pour faire valoir le bénéfice thérapeutique qu'ils retiraient de la consommation de cannabis. Des protocoles expérimentaux autorisant quelques patients à accéder à de la marijuana ont été mis en place. Mais c'est finalement à coups de référendums d'initiative populaire qu'ils ont obtenu gain de cause, d'abord en Californie puis dans la majorité des États américains.

Le Compassionate Use Act

En 1995, les citoyens californiens se sont prononcés, dans le cadre d'un référendum, sur la Proposition 215. La question mise au suffrage suggérait, d'une part, que l'incrimination pénale de la culture et de la possession de marijuana ne s'applique pas aux patients (et à leurs soignants) à qui un médecin avait recommandé l'usage de cannabis, et d'autre part, que les médecins disposent de la faculté de recommander l'usage de marijuana à des fins thérapeutiques. Également connue sous le nom de Compassionate Use Act, la Proposition 215 fut approuvée par plus de 55 % des citoyens californiens.

En dépit d'une contradiction évidente avec le droit fédéral, la réforme californienne a ouvert une brèche et servi d'exemple. En 2021, plus de 35 États américains (sur 50) avaient mis en place des dispositifs d'accès au cannabis thérapeutique, et 13 autorisaient la consommation de préparations à base de CBD (cannabinoïde non enivrant) à des fins médicales.

Souvent imposée par voie référendaire, l'évolution législative a parfois été contrainte par des tribunaux faisant droit à la demande de malades. Tel a été le cas au Canada où les plus hautes juridictions se sont abstenues de reconnaître l'existence d'un « droit » à l'usage de cannabis thérapeutique mais ont en revanche décidé qu'une telle consommation ne pouvait être sanctionnée pénalement sans porter atteinte aux « principes de justice fondamentale ». Les juges ont ainsi contraint le gouvernement canadien à établir, dès 2001, un système conférant à certains patients la possibilité de détenir légalement du cannabis et d'en produire, individuellement ou par procuration, à des fins personnelles.

La généralisation de l'accès au cannabis médical

Les mouvements de patients en faveur d'un accès au cannabis médical ont suscité un regain d'intérêt scientifique pour cette plante. Confirmées par la communauté médicale, ses vertus thérapeutiques ont justifié, en retour, de nouvelles expérimentations juridiques. En 2001, Israël a franchi le pas. Les Pays-Bas ont suivi en 2003, puis d'autres pays comme la Suisse, la République tchèque, l'Australie et l'Allemagne. Au cours des vingt dernières années, des dizaines d'États, dont la plupart des pays de l'Union européenne, ont autorisé l'usage de cannabis à des fins médicales.

Les formes prises par la légalisation du cannabis thérapeutique varient d'un lieu à l'autre. S'agissant des produits autorisés, certains États n'acceptent que les médicaments à base d'extraits de cannabis ou de cannabinoïdes de synthèse à l'exclusion de préparations faites à partir de la plante entière. D'autres admettent au contraire l'usage et la distribution d'herbe séchée, d'herbe fraîche ou d'huile, pour répondre aux demandes des malades qui évoquent l'existence d'un effet d'entourage : la combinaison des substances de la plante aurait un effet médical plus important que les molécules isolées qui en sont extraites.

La prescription de produits pharmaceutiques à base de cannabinoïdes ne présente pas de spécificité particulière dès lors qu'ils ont fait l'objet d'une approbation au terme d'une évaluation scientifique par une autorité nationale de réglementation. Mais la délivrance de préparations médicamenteuses à partir de la plante ou d'herbe brute soulève en revanche des difficultés qui tiennent à l'illicéité du cannabis. Dans les États les plus restrictifs, la réglementation se limite à admettre la nécessité médicale comme moyen de défense en cas de poursuites engagées contre un patient. D'autres pays, plus libéraux, donnent la faculté aux médecins de recommander librement l'usage de cannabis. La prescription de cannabis est parfois limitée à certaines pathologies ou subordonnée à l'avis de deux médecins.

Les règles de production et de distribution de la plante diffèrent également selon les pays. L'autorisation de l'autoproduction côtoie souvent des systèmes de licences qui confient à des sociétés privées le soin de produire du cannabis médical à une échelle industrielle en respectant un cahier des charges précis. La question, très politique, ne se pose pas encore en France où le cannabis médical peine à voir le jour.

Le cannabis médical en France

Le cannabis médical n'est pas totalement inconnu du droit du médicament français. Une autorisation de mise sur le marché pour le Sativex®, un spray sublingual composé d'extraits de chanvre indien, a été délivrée en 2014 par l'Agence nationale de sécurité du médicament et des produits de santé (ANSM). Mais cette autorisation reste pour l'instant purement théorique : ce médicament demeure indisponible faute d'accord sur son prix de vente entre le Comité économique des produits de santé et le laboratoire qui le produit.

Le caractère insatisfaisant de la situation a été souligné en 2018 par la ministre de la Santé, Mme Agnès Buzyn, qui a reconnu le retard français en la matière. Depuis cette intervention, un Comité scientifique sur « l'évaluation de la pertinence et de la faisabilité de la mise à disposition du cannabis thérapeutique en France » a été établi. Il a rendu ses conclusions qui recommandent, entre autres, d'expérimenter la mise à disposition de fleurs séchées de cannabis pour toute une série d'indications relevant notamment de la neurologie ou encore des soins palliatifs.

En droit

La loi de financement de la Sécurité sociale 2020 prévoit qu'« à titre expérimental, pour une durée de deux ans, l'État peut autoriser l'usage médical du cannabis sous la forme de produits répondant aux standards pharmaceutiques ».

En dépit de ces signaux politiques forts, le calendrier officiel de l'expérimentation annoncée a rapidement pris du retard. Elle ne devrait concerner, en tout état de cause, que 3000 patients, et rien ne garantit qu'elle sera pérennisée. Ainsi, la réglementation française aujourd'hui applicable aux patients qui font ou pourraient faire usage de cannabis thérapeutique n'est autre que le droit commun, particulièrement répressif, des stupéfiants.

En pratique Les malades les mieux informés contournent l'obstacle en s'approvisionnant dans des officines étrangères grâce à une prescription médicale de leur médecin français. Les moins chanceux sont condamnés à des peines de prison pour avoir cultivé leur propre cannabis ou pour se l'être procuré sur le marché illégal. Quant au plus grand nombre de ceux qui pourraient bénéficier de cette thérapeutique, ils en sont tout simplement privés. Inutile de dire que, dans ces conditions, la perspective d'une légalisation du cannabis récréatif, à l'instar des expérimentations menées dans certains pays, semble encore lointaine en France.

Le pari du cannabis récréatif

Au cours de la dernière décennie, l'interdiction du cannabis établie par le système international de contrôle des drogues a vacillé. Pour la première fois depuis son introduction, en 1925, le principe prohibitionniste a été formellement abandonné par plusieurs ordres juridiques, et non des moindres.

C'est en effet au cœur des États-Unis, le principal instigateur de la guerre contre la drogue, que plusieurs États ont décidé, contre le droit fédéral, de réglementer la production, la distribution et l'usage de cannabis à des fins récréatives. L'Uruguay a été pour sa part le premier État souverain à assumer, sur la scène internationale, de légaliser cette drogue. Ce petit pays d'Amérique du Sud a depuis été suivi par le géant canadien qui a établi un dispositif de régulation articulant logique de marché et impératifs de santé publique.

Les États-Unis, laboratoire de la légalisation

À l'instar de la légalisation du cannabis thérapeutique, c'est à l'occasion de référendums que le cannabis récréatif est sorti de la clandestinité au Colorado et dans l'État de Washington, en 2012. Ces deux votations ont donné lieu aux premières expériences de légalisation de cette drogue en dehors de tout cadre médical. Depuis, les initiatives populaires en ce sens se sont multipliées (Oregon, Alaska, Nevada, Californie, Massachusetts, Maine, Michigan...), et ce sont désormais une quinzaine d'États qui autorisent, selon des modalités variables, la production, la distribution et la consommation de cannabis à des fins récréatives pour les adultes.

Expression de la culture politique américaine, qui accorde un rôle central à la démocratie directe dans un cadre fédéral respectueux de l'indépendance des États et des expérimentations politiques locales, ce puissant mouvement de libéralisation soulève de redoutables problèmes juridiques.

En droit La loi fédérale (Controlled Substances Act) interdit la production, le trafic et la détention de cannabis. Ce texte, par lequel l'État américain met en œuvre ses obligations internationales, entre en contradiction avec les expériences locales de légalisation, mais il ne les rend pas formellement illégales. En revanche, les autorités fédérales conservent le pouvoir de poursuivre et sanctionner, si elles le souhaitent, les acteurs de ces nouveaux marchés. L'administration centrale s'y est pour l'instant refusée, préférant une abstention prudente dès lors que le commerce de cannabis se conforme aux règles adoptées par les États.

Les dispositifs de régulation institués par les États américains qui ont franchi le pas de la légalisation ne sont pas tous identiques. Ils privilégient, dans leur majorité, un modèle marchand dont les acteurs privés sont les principaux protagonistes. La production, la distribution et l'usage de cannabis sont plus ou moins rigoureusement encadrés par les autorités publiques. La réglementation se donne pour objectifs de protéger les mineurs, réduire la criminalité et, parfois, promouvoir la justice sociale tout en garantissant de substantielles recettes fiscales.

Il est trop tôt pour tirer un bilan des expériences de légalisation menées par les États américains mais les premières tendances se dessinent :

» La consommation baisse chez les mineurs mais augmente chez les jeunes adultes à la faveur d'une normalisation sociale de l'usage et d'une diversification de l'offre de produits.

» La répression pour usage et possession de cannabis a logiquement diminué, sans que se réduisent les disparités raciales dans les interpellations.

» Sans conséquence adverse en matière de sécurité publique, la légalisation du cannabis n'a en revanche pas réussi à faire totalement disparaître le marché noir.

Sur le terrain économique, le succès est en revanche au rendez-vous. Une nouvelle filière industrielle a vu le jour, générant des revenus fiscaux significatifs pour les collectivités publiques et la création de nombreux emplois.

En chiffres En 2020, le marché américain du cannabis légal (médical et récréatif) est estimé à 15 milliards de dollars. Il fait travailler près de 250 000 personnes à temps plein.

Cette dynamique économique est reflétée dans l'engouement spéculatif pour les « valeurs cannabis » désormais cotées en Bourse à New York et Toronto. Elle nourrit également la crainte d'une concentration industrielle qui conférerait au lobby du cannabis (Big Cannabis), à l'instar de ceux de l'alcool et du tabac, une influence dangereuse sur les régulateurs du marché. Un risque que le gouvernement uruguayen est parvenu à éviter en optant pour une réglementation plus stricte.

L'Uruguay, premier État souverain à légaliser

Contrairement aux États-Unis, où les expériences de légalisation ont été, sauf exception (Vermont), le fruit de référendums d'initiative populaire, l'Uruguay offre l'exemple d'une réforme pilotée par l'État. Dans un pays où l'usage de drogues était dépénalisé depuis les années 1970, mais où aucun programme d'accès au cannabis médical n'existait, le chef de l'État Pepe Mujica s'est appuyé sur certains acteurs de la société civile pour promouvoir une légalisation à laquelle l'opinion publique était majoritairement opposée. Expression d'un programme politique progressiste, cette réforme venant « du haut » a été menée au nom de la réduction des risques sanitaires et de la lutte contre le narcotrafic. Elle a été adoptée en 2013. L'Uruguay est alors devenu le premier État souverain à légaliser le cannabis récréatif.

En droit

Dans son rapport annuel de 2016, l'Organe international de contrôle des stupéfiants, qui est en charge de faire respecter la prohibition instituée par le droit international, a affirmé que la législation uruguayenne visant à créer un marché réglementé du cannabis était contraire aux dispositions des conventions internationales. Pour répondre à cette critique, l'Uruguay invoque la santé et la sécurité publiques, deux valeurs également protégées par le droit international, et menacées par le principe prohibitionniste.

Élevées au rang de priorité, la santé et la sécurité publiques relèguent au second plan les logiques marchande et budgétaire : les acteurs privés auxquels sont déléguées la production et la distribution de cannabis n'en extraient, pour l'instant, que de modestes profits, alors que l'État n'en tire pas de bénéfice fiscal. Un rigoureux contrôle étatique est en revanche institué sur le marché légal. Les consommateurs de cannabis ont ainsi l'obligation de s'inscrire dans un registre national et de choisir alternativement l'une des trois formes d'accès au marché légal proposées :

» la vente en pharmacie, à un prix fixé par le gouvernement, d'herbe ayant une teneur en THC inférieure à 15 % ;

» l'auto-culture individuelle, jusqu'à 6 plants par foyer dans la limite de 480 grammes par an ;

» l'adhésion à un cannabis club, au sein duquel les adhérents cultivent collectivement les variétés de leur choix.

En chiffres

En 2019, sur une population de 3,5 millions d'habitants, l'Uruguay comptait officiellement 7 000 auto-cultivateurs, 119 cannabis clubs réunissant plus de 3500 membres, et 17 pharmacies vendant du cannabis à environ 36 000 usagers.

La rigueur du modèle de régulation uruguayen conduirait, selon certains, à alimenter un « marché gris » alimenté par la revente de cannabis préalablement acheté en pharmacie à des usagers refusant de s'enregistrer. Les écueils de la commercialisation à outrance ont en revanche été jusqu'à maintenant évités et il n'a pas été observé d'augmentation significative de la consommation depuis la légalisation.

Le Canada, géant de la légalisation

Le Canada est le second État, après l'Uruguay, à légaliser la production, la distribution et l'usage de cannabis à usage récréatif. Contrairement à son prédécesseur, dont l'influence sur la scène internationale est limitée, le poids économique (10e puissance mondiale) et politique (le Canada est membre du G7) du géant nord-américain confère à cette réforme une importance particulière. Elle l'est d'autant plus que la prohibition canadienne a longtemps été particulièrement répressive. À la fin du XXe siècle, près de 700 000 Canadiens (sur 30 millions d'habitants) avaient un casier judiciaire pour détention de cannabis.

Dans un contexte culturel nord-américain où le *pot* est très largement consommé, et où la légalisation du cannabis thérapeutique, au début des années 2000, a largement contribué à la normalisation sociale de cette drogue, la prohibition était de plus en plus contestée. Lors de la campagne des élections fédérales de 2015, le parti libéral s'est engagé à légaliser le cannabis récréatif. Le candidat Justin Trudeau, une fois élu, s'est attelé à la tâche. Au terme d'un processus approfondi d'étude et de concertation, le Parlement canadien a adopté la loi C-45 dont les éléments de langage font écho aux arguments antiprohibitionnistes, comme l'illustrent les objectifs assignés à la loi.

En droit

L'article 7 de la loi C-45 dispose que celle-ci « a pour objet de protéger la santé et la sécurité publiques, et notamment : de protéger la santé des jeunes en restreignant leur accès au cannabis ; [...] de permettre la production licite de cannabis afin de limiter l'exercice d'activités illicites qui sont liées au cannabis ; [...] de réduire le fardeau sur le système de justice pénale relativement au cannabis ; de donner accès à un approvisionnement de cannabis dont la qualité fait l'objet d'un contrôle ; de mieux sensibiliser le public aux risques que présente l'usage du cannabis pour la santé ».

La loi confie à l'administration fédérale le pouvoir de distribuer les licences de production et d'établir les normes sanitaires à respecter. Quant aux gouvernements provinciaux et territoriaux, ils sont pour leur part responsables des permis de distribution et des modalités de vente de cannabis, sous réserve du respect des conditions fédérales. Chaque province a ainsi élaboré sa propre réglementation. Et l'on distingue d'intéressantes variations : dans certaines provinces, on peut acheter dans des boutiques privées ; dans d'autres, notamment au Québec qui a adopté une ligne plus restrictive, la vente se fait exclusivement dans des magasins d'État ou bien en ligne. De même, le droit à l'autoproduction (jusqu'à quatre plants par foyer) prévu par la loi fédérale a été contesté par certaines provinces qui s'y sont opposées sur leur territoire.

À savoir

La légalisation du cannabis ne consiste pas simplement en une abrogation de l'interdit pesant sur ce produit. Elle requiert d'établir un nouveau cadre juridique. Au-delà des règles de droit pénal, qui visent à sanctionner le marché noir, la loi nouvelle établit des règles restreignant la promotion et réglementant la vente, l'étiquetage et les emballages. La loi définit également la nature des produits cessibles : du cannabis donc, sous forme d'herbe ou sous forme d'huile, mais également des « produits comestibles qui contiennent du cannabis ». En revanche, les produits cannabiques contenant de la nicotine, de la caféine ou de l'alcool éthylique sont interdits.

La légalisation canadienne est trop récente pour que l'on puisse en tirer les leçons, mais elle fait d'ores et déjà l'objet d'un suivi minutieux. Qu'il s'agisse des niveaux de consommation de la population, de la structuration du marché et des risques de concentration industrielle, des effets sur la criminalité et sur l'appareil judiciaire, l'ensemble des conséquences de la réforme sera étudié dans les années à venir. Sans préjuger du succès de cette expérience de régulation, on peut faire le pari qu'elle a, dans son principe, vocation à s'étendre à d'autres pays. En effet, la forte résilience du dogme prohibitionniste tenait, jusqu'à maintenant, à l'incertitude de ce que serait un monde où le cannabis récréatif serait licite... Les dispositifs d'évaluation et la littérature scientifique sur les expériences américaines de régulation vont contribuer à réduire considérablement cette incertitude en identifiant au plus près les enjeux de la légalisation.

Partie 2

Légalisation du cannabis, le pour et le contre

Dans cette partie...

Le choix de la légalisation du cannabis opéré récemment par plusieurs États, et celui de l'assouplissement de la prohibition dans de nombreux autres, confèrent à la perspective de réforme du droit français une évidente actualité. Il faut, dans ce contexte, s'interroger sur les divers arguments qui justifient une évolution de la loi ou, au contraire, s'y opposent. L'objet de cette deuxième partie est de procéder à l'examen raisonné et contradictoire des vertus et des limites de la prohibition et de la légalisation. La réglementation applicable au cannabis, qu'elle soit répressive ou libérale, met en branle un grand nombre d'institutions sociales. L'évaluation de tel ou tel modèle juridique requiert de s'interroger d'abord sur ses fondements éthiques et, ensuite, sur ses conséquences pratiques, tant sur le plan sanitaire que sécuritaire. Il convient enfin d'évaluer les importants effets économiques des différentes options politiques envisageables.

DANS CE CHAPITRE

La prohibition est-elle morale ?

L'incrimination de l'usage de cannabis est-elle conforme à la Constitution ?

La répression est-elle juste ?

Chapitre 4

Questions éthiques posées par l'interdiction

La prohibition présente une évidente dimension éthique. En intimant à l'ensemble des citoyens un certain type de comportement, le droit définit ce qu'est la vie bonne : une vie sans cannabis. Envisager un assouplissement de cette norme, sous la forme d'une dépénalisation de la consommation de ce produit, voire d'une légalisation de son commerce, requiert au préalable de porter un jugement de valeur sur ces conduites jusqu'alors interdites. Dans quelle mesure constituent-elles un mal, et le cas échéant, celui-ci justifie-t-il que l'État intervienne pour en empêcher la réalisation au prix d'une restriction des libertés individuelles et des choix de consommation privés ? Au-delà, il convient de s'interroger sur les enjeux collectifs de l'interdiction. La promotion d'une morale d'abstinence, pour autant que la majorité l'estime nécessaire, justifie-t-elle les processus de stigmatisation et de discrimination induits par sa mise en œuvre ? Enfin, la violation massive de la règle de droit constitue-t-elle un argument dans le débat éthique sur la légalisation du cannabis ?

Morale d'abstinence et liberté individuelle

L'abstinence constitue-t-elle une obligation morale justifiant l'interdit juridique qui pèse sur la consommation de cannabis ? Si, selon certains, la modification volontaire de ses états de conscience est un mal en soi, cette affirmation est difficile à démontrer. Le fondement moral de la prohibition de l'usage de cannabis est donc plus souvent recherché dans les conséquences jugées mauvaises de cette activité. La consommation de drogue menacerait l'intégrité physique et psychologique des personnes, et fragiliserait l'ordre social.

Origine et cohérence de l'idéal d'abstinence

Historiquement, cet argument doit beaucoup à la morale puritaine protestante et aux théories médicales de la « dégénérescence » qui se sont développées au XIXe siècle. L'objectif d'abstinence repose sur l'idée que l'usage de produits psychotropes se mue nécessairement en abus. Seule une interdiction absolue est susceptible de briser le cercle vicieux de la toxicomanie.

Cette thèse a justifié la prohibition de l'alcool aux États-Unis (1919-1933). L'expérience s'étant révélée contre-productive, elle a été abandonnée, et c'est une morale sociale de la modération qui a succédé à celle de l'abstinence en matière d'alcool. Le centre de gravité de l'interdit s'est alors déplacé vers les produits classés comme stupéfiants.

Ce traitement différentiel entre substances licites et substances illicites devient problématique dès lors qu'à la faveur des progrès de la science, on découvre que les secondes ont une dangerosité moindre que les premières. C'est le cas du cannabis, dont les chercheurs en addictologie ont clairement établi qu'il était moins addictif et moins toxique que l'alcool, et qu'il ne constituait pas un « marchepied » vers des drogues plus dures (sur ces points, voir le chapitre 1). L'exigence de cohérence doit-elle dès lors conduire à autoriser la consommation de ce produit ?

Comparaison n'est pas raison : même si l'usage de cannabis se révèle généralement peu nocif, ne suffit-il pas qu'il soit nuisible dans certains cas, pour certains individus fragiles, pour justifier le maintien de l'interdit ? L'argument est fragile, car au-delà de l'atteinte à la cohérence de l'action publique, la pénalisation des consommateurs heurte de plein fouet un principe essentiel de la démocratie, celui d'autonomie de la personne humaine.

La liberté contre l'interdiction

Citation

Dans son influent essai *De la liberté* publié en 1859, John Stuart Mill estime que « la seule raison légitime que puisse avoir une communauté pour user de la force contre un de ses membres est de l'empêcher de nuire aux autres. Contraindre quiconque pour son propre bien, physique ou moral, ne constitue pas une justification suffisante ».

Dans le cadre du libéralisme politique qui caractérise les démocraties occidentales, l'incrimination de l'usage de cannabis est difficilement justifiable. Elle constitue en effet un « crime sans victime » dont le dommage est incertain et causé, le cas échéant, à l'auteur même de l'infraction. La pénalisation d'un tel comportement, à l'instar de celle du suicide ou des relations homosexuelles, est l'expression d'un paternalisme juridique qui malmène les libertés individuelles.

Ce débat sur la légitimité éthique de l'interdiction du cannabis n'est pas seulement théorique. Il a des conséquences directes sur la validité juridique de la loi.

La prohibition du cannabis est-elle légale ?

La question peut sembler incongrue au regard de la réalité de la répression des usagers de cannabis administrée au nom du droit par les forces de l'ordre et par les institutions judiciaires. Elle est pourtant tout à fait sérieuse.

Interdiction de l'usage et Déclaration des droits de l'homme

Il n'est pas illégitime de se demander si l'incrimination qui punit l'usage illicite de stupéfiants d'un an d'emprisonnement et de 3750 euros d'amende (article 3421-1 du Code de la santé publique) est compatible avec la Constitution, notamment avec la Déclaration des droits de l'homme et du citoyen.

En droit Texte fondateur de notre pacte républicain, la Déclaration des droits de l'homme et du citoyen est incluse dans le bloc de constitutionnalité. Les lois, pour être valides, doivent en théorie respecter les principes qu'elle énonce. La Déclaration dispose que « la liberté consiste à pouvoir faire tout ce qui ne nuit pas à autrui » (article 4) et que « la loi n'a le droit de défendre que les actions nuisibles à la société » (article 5).

Ces principes ne s'opposent-ils pas à ce que le législateur élève au rang d'infraction pénale passible d'une peine de prison le fait, pour une personne majeure, de fumer un joint dans l'intimité de son domicile ? Le Conseil constitutionnel n'a jamais eu l'occasion de se prononcer sur cette question. On peut supposer que s'il était invité à le faire, il abrogerait l'article 3421-1 au motif qu'il porte atteinte aux droits et libertés garantis par la Constitution.

Présentation sous un jour favorable et liberté d'expression

Il en va de même pour l'article 3421-4 du Code de la santé publique, qui dispose que la présentation sous un jour favorable de l'usage illicite de cannabis est punie de cinq ans d'emprisonnement et de 75 000 euros d'amende. Conçue pour décourager le prosélytisme du consommateur de drogues, cette incrimination a un spectre d'action qui s'étend bien au-delà de ce simple cas de figure. C'est en effet l'ensemble des propos, publics et privés, de tout un chacun qui se trouve contraint par cette disposition législative. La loi pénale étant d'interprétation stricte, l'article L3421-4 incrimine la description objective de tous les effets hédoniques et thérapeutiques du cannabis. Une telle règle semble bien peu compatible avec le principe de la liberté d'expression.

En droit

L'article 11 de la Déclaration des droits de l'homme et du citoyen dispose que « la libre communication des pensées et des opinions est un des droits les plus précieux de l'homme : tout citoyen peut donc parler, écrire, imprimer librement ». La Convention européenne des droits de l'homme stipule pour sa part, dans son article 10, que « toute personne a droit à la liberté d'expression », et précise que ce droit « comprend la liberté d'opinion et la liberté de recevoir ou de communiquer des informations ou des idées sans qu'il puisse y avoir ingérence d'autorités publiques ».

Invités à se prononcer sur la légalité du délit de présentation sous un jour favorable de l'usage de cannabis, les juges du Conseil constitutionnel et ceux de la Cour européenne des droits de l'homme seraient probablement amenés à constater qu'il ne satisfait pas aux exigences de la hiérarchie des normes.

Sur le plan juridique, l'interdiction générale et absolue de l'usage récréatif de cannabis et l'incrimination de la présentation sous un jour favorable de ce comportement semblent difficilement justifiables, *a fortiori* à une époque de diversité culturelle et de permissivité morale accrues. Mais si la dépénalisation de la consommation personnelle de cannabis semble être une évolution souhaitable du point de vue de l'individu, qu'en est-il du point de vue de la société ?

Solidarité sociale et choix collectif

Lors du vote (à l'unanimité des votants) de la loi de 1970, l'incrimination de l'usage de stupéfiants était justifiée par les parlementaires sur le fondement du droit aux soins et à la santé, dont la contrepartie résidait dans le pouvoir d'imposer certaines limites à l'utilisation que chacun peut faire de son propre corps. La reconnaissance de la relative innocuité du cannabis et le faible développement des dispositifs sanitaires destinés à venir en aide aux usagers problématiques affaiblissent, rétrospectivement, la portée de ce discours. L'argument a néanmoins le mérite de rappeler que les considérations de solidarité et de cohésion sociale doivent être sérieusement prises en compte dans la politique des drogues.

Le principe d'autonomie des personnes s'oppose à la pénalisation de l'usage individuel de cannabis, mais il ne requiert pas la légalisation de la production et de la distribution de cette drogue. Dans une démocratie libérale, rien ne s'oppose à ce que la loi, expression de la volonté nationale, interdise la production et la distribution de certains biens et services dont on estime, à un certain moment, qu'ils constituent un poison pour le corps social. Encore faut-il, pour que cette prohibition soit légitime, qu'elle soit soutenue par la majorité de la population. Dans le cas contraire, elle doit logiquement être abandonnée. C'est ce qui s'est passé dans de nombreux États américains où le processus de légalisation du cannabis résulte de référendums d'initiative citoyenne.

Une opinion publique divisée

À savoir

En France, l'opinion publique était jusqu'à une date récente massivement opposée à la dépénalisation de la consommation de cannabis (70 % en 2012 selon une enquête IFOP), mais le nombre de personnes favorables à une telle réforme croît régulièrement depuis.

En 2018, une autre enquête de l'IFOP dressait le portrait d'une opinion majoritairement convaincue de l'inefficacité de la politique prohibitionniste. Plus de 50 % des personnes interrogées (contre 40 % d'une opinion contraire) affirmaient alors être en faveur d'une régulation du marché du cannabis par l'État.

Selon un sondage CSA publié en janvier 2021, une forte majorité de la population française pense désormais que la politique de répression n'est pas « efficace pour lutter contre la consommation de drogues » (66 %) et se dit favorable « à l'organisation d'un débat sur la politique des drogues » (82 %).

Sur la légalisation du cannabis, à l'instar de nombreuses autres questions de société, les Français semblent travaillés par un syndrome de division. L'opinion publique, longtemps cohésive sur le sujet, hésite désormais sur la réponse juridique à apporter à la massification de l'usage de cette drogue. Peut-on attendre de la prohibition qu'elle contribue au rétablissement d'un référentiel culturel commun au service de la définition d'une identité collective ? La norme juridique, en fixant les limites à ne pas dépasser, permet parfois de renforcer les sentiments d'appartenance à la communauté : communiant dans la condamnation de pratiques défendues, le corps social y gagne en cohésion. Il faut néanmoins prendre garde : le recours à l'interdit pénal constitue un outil de stigmatisation des comportements déviants à double tranchant.

(In)effectivité de la règle et inégalité devant le droit

La prohibition du cannabis dans l'ordre du droit n'a pas réussi à façonner les mœurs des citoyens européens et nord-américains. La prévalence importante des usages de cette drogue et la normalisation de cette consommation, confirmée par le traitement souvent complaisant que lui accordent les médias, témoignent d'un profond décalage entre la règle juridique et les usages sociaux. Mal respecté, l'interdit est par ailleurs sanctionné de manière différenciée selon les publics.

Un interdit mal respecté

Bien connu des juristes, le phénomène d'ineffectivité du droit ne justifie pas nécessairement que l'on renonce à l'interdit. Selon le sociologue Émile Durkheim, la violation du droit est un phénomène social normal, « une partie intégrante de toute société saine », et il ne prend une « nature morbide » que quand « il atteint un taux exagéré » (*Les Règles de la méthode sociologique*, 1937). En ce cas seulement, le crime prend une dimension pathologique qui force la collectivité à réagir en modifiant les principes de son organisation par l'adaptation de sa morale et de son droit à la réalité sociale. Il importe, en conséquence, de décider si le non-respect de l'interdit du cannabis est aujourd'hui suffisamment massif pour justifier un assouplissement du droit.

À moins que la prohibition ait moins pour objectif l'éradication des drogues que la pénalisation des consommateurs et des trafiquants ? Il faudrait pour cela admettre que certains interdits servent avant tout à produire la dose de pénalité dont la société a besoin. Le professeur de psychiatrie américain Thomas Szasz est de cette opinion quand il affirme que la fonction de la criminalisation des stupéfiants est identique à celle des sacrifices rituels : selon lui, le cannabis et, par extension, ceux qui s'adonnent à sa consommation ou en font commerce serviraient de bouc émissaire (*pharmakos*) dans des sociétés modernes en voie d'émiettement, la stigmatisation de la drogue à laquelle on attribue tous les maux de la cité laissant espérer une purification de la communauté nationale.

Une répression différenciée

Il n'est pas besoin d'adhérer à cette thèse audacieuse pour admettre que, dans une situation où la prohibition du cannabis est massivement violée par une partie de la population, l'interdit juridique s'ancre moins dans la conscience collective que dans la sanction étatique. À défaut de réussir à réformer les mœurs, l'État impose la norme de conduite souhaitée par le biais des institutions coercitives (police, justice) dont il a la maîtrise. Expression d'un système de domination, la criminalisation a pour effet de fixer un ensemble d'individus dans un état de marginalité, ce qui n'est pas sans conséquence sur le lien social. D'autant que la répression, qui ne pèse pas de la même manière sur tous, tend à renforcer des inégalités existantes.

À savoir

Des enquêtes de terrain ont pu établir que si les usages de cannabis sont plus importants dans les quartiers riches de Paris (en particulier rive gauche), la pression policière sur les consommateurs est plus intense dans les espaces nord, socialement et économiquement moins favorisés.

La gestion différentielle des illégalismes en fonction du profil des délinquants n'est pas réservée au contentieux des stupéfiants. Mais force est de constater qu'en matière de cannabis, la différence de traitement réservée par la police et la justice aux consommateurs selon leur âge et leur origine est particulièrement notable. Elle conduit à des discriminations sociales et ethniques qui heurtent le principe d'égalité devant la loi. Il reste à déterminer si ces accommodements pris avec les principes républicains se justifient au nom de la sécurité des uns et des autres.

DANS CE CHAPITRE

Le contrôle des produits

La protection des consommateurs

La réduction des trafics

Chapitre 5

Conséquences sanitaires et sécuritaires de la réglementation

Si le droit applicable au cannabis et sa possible réforme soulèvent une variété de questions éthiques, le sujet est également susceptible d'être envisagé de manière pragmatique, à l'aune des conséquences pratiques des règles juridiques.

Considérer l'usage de cannabis comme une activité néfaste, voire dangereuse, n'en justifie pas nécessairement l'interdiction si celle-ci se révèle impossible à mettre en œuvre ou si elle induit des conséquences non souhaitables. À l'inverse, même si l'on considère que la diabolisation dont a fait l'objet le cannabis est injustifiée, on peut estimer que la prohibition présente certains effets positifs. Quel cadre juridique adopter pour réduire les risques sanitaires que fait peser le cannabis sur les citoyens et pour accroître la sécurité d'une société menacée par les trafics ? Pour en décider, il faut comparer la manière dont la prohibition et la légalisation limitent la dangerosité du cannabis, protègent les individus, et défendent la société.

Limiter la dangerosité du cannabis et de ses dérivés

Les effets et les dangers de l'usage de cannabis diffèrent selon la nature du produit consommé. La prohibition a pour conséquence d'encourager la circulation des variétés les plus puissantes, de réduire l'information des consommateurs, et de permettre la vente de drogues mêlées de substances étrangères qui peuvent être dangereuses. La légalisation permettrait au contraire de contrôler la qualité du cannabis mis en vente.

La « loi d'airain de la prohibition »

Au même titre que l'alcool, l'herbe et le haschich peuvent être plus ou moins forts. L'argument est d'ailleurs parfois mobilisé pour justifier la prohibition : depuis quelques années, la concentration en principes actifs (notamment en THC) du cannabis vendu a augmenté, ce qui contribuerait, selon certains, à accroître les risques de sa consommation. D'autres considèrent que c'est précisément l'interdit qui a favorisé la production de variétés toujours plus puissantes. Ils expliquent ce paradoxe par la « loi d'airain de la prohibition ».

À savoir

La « loi d'airain de la prohibition » est une théorie économique qui suggère que la répression accrue des trafics a pour effet paradoxal de renforcer la puissance des drogues sur le marché illicite. La prohibition, parce qu'elle fait courir un risque juridique sur chaque transaction, pousserait les trafiquants à privilégier le commerce de produits plus concentrés, car ceux-ci sont plus faciles à dissimuler et offrent, à volume égal, une profitabilité accrue.

Un marché opaque

L'illégalité du cannabis rend logiquement impossible le contrôle de sa qualité. En interdisant la production et la distribution de cette drogue, l'État renonce du même coup à réglementer ces activités. Le marché informel, qui se développe en dehors de toute supervision, offre dès lors bien peu de garanties sur la nature des produits en circulation. À l'exception des circuits courts de production ou de l'auto-culture, l'origine précise du cannabis consommé reste toujours indéterminée, le secret constituant l'un des moyens les plus efficaces de protection des différents acteurs du circuit de distribution.

Ce contexte d'illégalité ne favorise pas la mise à disposition d'informations fiables et détaillées sur le produit vendu. Le consommateur doit finalement s'en remettre au vendeur, lequel ignore lui-même la concentration en principe actif et la proportion des divers cannabinoïdes de la drogue qu'il propose. Faute de spécifications précises sur ces caractéristiques qui déterminent les effets du produit consommé, c'est finalement à l'usage, de manière expérimentale, que s'évalue la qualité du cannabis acheté.

Le risque d'adultération

À l'absence d'information précise sur les caractéristiques du cannabis vendu s'ajoute le risque d'adultération. Les consommateurs réguliers savent que le cannabis est parfois dégradé par les producteurs ou les grossistes qui y mêlent des substances étrangères. La résine est ainsi parfois coupée avec du henné, des oléagineux ou des graisses minérales comme la paraffine.

Tchernobyl

Dans les années 1990, le marché français était massivement alimenté par un haschich de piètre qualité, le bien nommé « Tchernobyl », âcre et cassant. Celui-ci entraînait maux de tête, nausées et quintes de toux. Il n'en a pas moins été abondamment consommé par une génération de jeunes fumeurs de joints.

Les fleurs de cannabis peuvent également être adultérées. Elles le sont le plus souvent avec des débris végétaux de la plante elle-même, mais aussi parfois avec des produits plus dangereux. En 2006, la Direction générale de la santé a ainsi lancé une alerte sur une herbe coupée aux microbilles de verre susceptible de provoquer des lésions pulmonaires. Plus récemment, on a observé la circulation de fleurs de chanvre à faible teneur en THC auxquelles avaient été ajoutés des néo-cannabinoïdes synthétiques dont les dangers sont bien plus importants que les cannabinoïdes naturels.

Légaliser pour contrôler la qualité

S'agissant de la qualité du cannabis auquel ont accès les consommateurs, on conçoit aisément que la légalisation offre de multiples avantages sur la prohibition. En instituant un marché légal, le droit définit les types de produits autorisés, établit les modalités de leur production et de leur distribution, garantit une information précise sur leur nature, organise le contrôle de leur qualité, et sanctionne le non-respect de ces règles. Ainsi, dans tous les pays qui ont légalisé le cannabis, cette réforme s'est accompagnée de l'édiction de dispositifs réglementaires, parfois très détaillés, sur les installations de production, sur les techniques de culture et de transformation, sur l'usage d'engrais, de fongicides et de pesticides, et finalement sur les produits autorisés ou non à la vente.

Le choix de la légalisation ne préjuge pas de la rigueur de la réglementation. C'est au régulateur de déterminer *in fine* quels produits peuvent ou ne peuvent pas être mis sur le marché légal. Les politiques mises en œuvre au Canada, aux États-Unis et en Uruguay témoignent de la variété des régimes possibles. Les *edibles* (produits alimentaires) et les huiles sont interdits ici, autorisés là. Quant à la concentration en principe actif de l'herbe, elle est parfois réglementée.

La détermination du meilleur régime applicable doit prendre en compte le risque que des règles trop restrictives ne stimulent un marché noir résiduel où circuleraient des variétés de cannabis plus puissantes. Bref, il s'agit d'offrir un choix suffisamment large de produits tout en excluant ceux que l'on estime les plus susceptibles d'induire des usages problématiques, afin de protéger les consommateurs.

Protéger les individus de l'usage du cannabis

Le meilleur moyen de protéger les individus du cannabis est de faire en sorte qu'ils s'abstiennent d'en faire usage, soit de leur plein gré, soit par impossibilité d'y accéder. La réduction du nombre d'usagers doit être une priorité de la politique des drogues. S'y ajoute une mission de protection des consommateurs de cannabis, notamment des plus fragiles, à travers une politique de réduction des risques et des dommages. Comment la prohibition remplit-elle ces objectifs ? Et la légalisation peut-elle sérieusement prétendre les réaliser plus efficacement ?

Diminuer la consommation

Un postulat largement partagé par les tenants de la prohibition est que l'interdit dissuade les citoyens de consommer et réduit la disponibilité du produit. Cette hypothèse intuitivement raisonnable n'est pourtant pas confirmée par les comparaisons internationales, qui laissent entendre que la consommation de cannabis dépend plus de facteurs sociaux et culturels que du droit en vigueur.

À savoir

On constate l'absence de corrélation entre le niveau de consommation de cannabis et l'intensité de la répression de cette pratique : il est ainsi établi que les Néerlandais fument moins que les Français, alors qu'ils peuvent, depuis des décennies, s'approvisionner librement en *coffee shops*. Plus remarquable encore, les assouplissements ou les durcissements de l'interdit n'ont pas d'effet clair sur l'évolution des niveaux d'usage. Ainsi a-t-on assisté, à la même époque, à la dépénalisation de l'usage de cannabis au Portugal et à la systématisation de la réponse pénale pour les mêmes faits en France. Ces choix politiques divergents semblent n'avoir, ni dans un cas ni dans l'autre, modifié de manière significative le nombre de consommateurs.

La légalisation du cannabis n'engendrerait pas nécessairement une hausse de la consommation. Les modalités de mise en œuvre de cette réforme – par exemple, l'interdiction de la vente aux mineurs, le développement de programmes d'éducation et de prévention – constituent des leviers susceptibles de contenir, voire de réduire, les niveaux d'usage qu'une levée de la prohibition pourrait éventuellement encourager. Il n'est par ailleurs pas démontré qu'une potentielle augmentation de l'usage, consécutive à un assouplissement de la législation, se distribuerait en grossissant proportionnellement les rangs des consommateurs occasionnels et ceux des consommateurs réguliers, et encore moins qu'elle se concentrerait chez les personnes les plus jeunes ou les usagers problématiques. Or, ce sont précisément ces franges de consommateurs qu'il convient de protéger.

Protéger les usagers problématiques

Si toute consommation de cannabis est potentiellement à risque, la plupart des experts s'accordent à reconnaître que celle-ci est le plus souvent occasionnelle et transitoire, et que seules certaines formes d'usage doivent être qualifiées de « problématiques » en raison de leur précocité ou de leurs conséquences sanitaires (fonctions respiratoires diminuées, troubles psychotiques, polytoxicomanie à l'alcool ou à d'autres drogues illicites...) et sociales (décrochage scolaire ou professionnel, isolement social, initiation d'une carrière délinquante...). Or, il semble que la prohibition du cannabis, notamment dans sa version répressive, contribue à renforcer plutôt qu'à réduire ces dommages sanitaires et sociaux.

Le consommateur de cannabis qui ne pratique pas l'auto-culture ne peut s'approvisionner que sur un marché illégal où circule également une variété de produits illicites dont l'usage est potentiellement plus dangereux (cocaïne, ecstasy, héroïne...). Le revendeur auquel l'acheteur s'adresse est susceptible de faire commerce de ces drogues, et il sera naturellement amené à lui en proposer, augmentant ainsi le risque d'une expérimentation qui n'aurait pas eu lieu si l'achat s'opérait dans un lieu uniquement dédié au cannabis (c'est le principe de la séparation des marchés, mis en œuvre de manière précoce avec succès dans les *coffee shops* hollandais où aucune autre drogue n'est tolérée).

La stigmatisation sociale de l'usage de cannabis induite par la criminalisation de cette pratique pousse les consommateurs les plus réguliers à élaborer des formes de vie sociale empreintes de secret et de méfiance à l'égard des non-consommateurs. Il en résulte un danger d'isolement et de renforcement des usages intensifs d'autant moins détectable que la discrétion s'impose pour réduire le risque de détection par les autorités, mais également par les proches lorsque ceux-ci ne sont pas au courant (ce qui n'est pas rare). La peur du gendarme qui habite certains usagers réguliers induit des pratiques de dissimulation et rend plus délicate et plus tardive la prise de contact avec les services de santé. L'autorité sanitaire peut en effet être perçue par le consommateur de cannabis conscient de l'illégalité de sa pratique comme l'antichambre du tribunal.

Citation

Dans son *Rapport mondial sur les drogues* de 2008, l'Office des Nations unies contre la drogue et le crime (ONUDC) affirme que la prohibition a eu pour conséquence non recherchée d'instaurer un système où « les personnes victimes d'addiction aux drogues illicites se trouvent exclues de la société et marginalisées, frappées d'opprobre, et souvent incapables de se faire admettre en traitement ».

Réduire les risques et les dommages

Les dangers auxquels s'expose l'usager de cannabis sont accrus par la prohibition elle-même. Cela n'a pas échappé au législateur français qui, à l'instar de ses homologues européens, a institué le principe d'une prévention « des dommages sociaux et psychologiques liés à la toxicomanie » (article L3121-4 du Code de la santé publique). Mais l'interdit limite le développement des programmes de réduction des risques. Orientée vers l'abstinence, avec par exemple le développement de « consultations jeunes consommateurs » destinées à offrir un accompagnement spécifique aux usagers de cannabis, cette politique ne s'étend pas à la promotion d'une consommation maîtrisée et à l'éducation aux modes d'usage sécurisés.

En pratique

En dépit de la fragile légalité de cette pratique, certains acteurs associatifs n'hésitent pas à encourager des formes de consommation du cannabis à risque réduit. Il convient en effet de privilégier systématiquement la vaporisation (chauffage doux libérant les principes psychoactifs du produit et réduisant l'inhalation d'émissions toxiques) ou l'ingestion sous forme d'aliments plutôt que la combustion dans une cigarette artisanale, notablement plus dangereuse, *a fortiori* si la drogue est mélangée au tabac.

Le régime prohibitionniste produit finalement un saisissant paradoxe : l'interdit destiné à protéger les personnes de l'usage de cannabis accroît dans le même temps la dangerosité de cette pratique en excluant le développement d'une vigoureuse politique de réduction des risques et des dommages, pourtant plébiscitée comme bonne pratique par de nombreuses organisations internationales telles que l'Organisation mondiale de la santé ou l'Observatoire européen des drogues et des toxicomanies. La légalisation permettrait-elle de dépasser cette apparente contradiction ?

Ne faut-il pas craindre qu'un geste légalisateur compromette la cohérence du message que les gouvernements envoient aux citoyens, et en particulier aux plus jeunes d'entre eux ? Alors que la réglementation du tabac et d'alcool se durcit progressivement, on accepterait, au risque de la contradiction, d'être plus tolérant sur la consommation de cannabis ? C'est oublier que chacune de ces politiques a un point de départ très différent : le droit applicable au cannabis repose sur des principes singulièrement répressifs, puisque le simple usage (ou la possession pour usage) est toujours passible de peines privatives de liberté, alors que la publicité, dans tous les médias, pour l'alcool et le tabac, a longtemps été possible. Du point de vue de la santé publique, les mouvements simultanés de durcissement des règles applicables au tabac et à l'alcool et d'assouplissement du régime juridique du cannabis seraient cohérents. Encore faut-il que la légalisation soit strictement contrôlée, afin de protéger les personnes mais également de combattre les trafics.

Défendre la société contre les trafics de cannabis

Pour éradiquer l'usage de drogue, la prohibition s'attaque en même temps à la demande et à l'offre. L'interdiction du commerce de cannabis doit permettre d'en faire diminuer significativement l'usage. Encore faut-il, pour y parvenir, que la disponibilité de drogue soit effectivement réduite par l'interdiction. Or, la politique prohibitionniste peine à honorer cette promesse. En dépit des politiques nationales et locales de lutte contre les trafics, l'offre de cannabis couvre tout le territoire. Cet échec s'explique par la nature même de cette délinquance : massive et difficilement détectable faute de victime, elle est également capable d'innover rapidement, comme l'illustre le développement de la livraison à domicile, qui protège le consommateur du risque d'interpellation sur la voie publique.

La difficulté de s'attaquer efficacement à cette criminalité justifie-t-elle que l'on renonce à la combattre ? L'incapacité des forces de l'ordre à réduire le nombre d'autres types d'actes délictueux (par exemple les violences ou les vols...) ne constitue en rien une raison de les légaliser. À y regarder de plus près, pourtant, il n'est pas certain que cette analogie soit pertinente. Le commerce de produits psychotropes présente en effet la caractéristique de voir sa dangerosité sociale accrue par l'interdit juridique, lequel transforme radicalement les conditions de cette activité.

Une criminalité durcie par l'interdit

La prohibition du cannabis a donné lieu au développement d'une vaste économie informelle, qui fait l'objet d'arrangements garantis par les trafiquants eux-mêmes. Si les organisations criminelles qui se substituent à l'autorité publique dans l'organisation des marchés illicites sont productrices d'ordre, elles sont également génératrices de violences. En l'absence d'autorité extérieure, notamment judiciaire, susceptible de garantir la sécurité des transactions et de résoudre les conflits, c'est la loi du plus fort qui s'applique aux relations commerciales.

L'homicide est l'ultime régulateur du marché illicite. La prohibition a ainsi eu pour conséquence de rendre les trafics de plus en plus violents, et on ne compte plus les règlements de comptes entre trafiquants. Cette brutalité du marché de la drogue, qui compte parmi les externalités négatives les plus graves de la prohibition, n'affecte pas uniquement les consommateurs et les vendeurs : elle concerne la société dans son ensemble, comme l'illustre la situation des quartiers marqués et terrorisés par l'ancrage physique des trafics, et qui subissent d'importantes nuisances.

À savoir

Quoique le lien entre criminalité et drogues illicites soit bien établi d'un point de vue statistique, leur relation apparaît complexe et contre-intuitive. Il est ainsi établi que la répression des usagers-revendeurs et des trafiquants explique une part importante de la violence liée aux drogues. Plusieurs études ont ainsi montré que l'accroissement de la pression policière sur des zones de deal s'accompagnait souvent d'une augmentation des règlements de comptes entre trafiquants. À l'inverse, la légalisation du cannabis thérapeutique dans un certain nombre d'États américains semble avoir eu pour conséquence inattendue de réduire la violence associée au marché illicite du cannabis récréatif.

Les limites de l'activité policière

Les policiers reconnaissent sans ambages être démunis dans le combat contre l'économie du cannabis. La lutte contre les nuisances générées dans l'espace public consiste à évincer les petits revendeurs de la rue ou des halls d'immeubles, et à assurer une présence visible permanente à des fins dissuasives. Mais cette activité ne fait souvent que déplacer les problèmes et elle n'affecte que marginalement la disponibilité des produits. Quant au travail d'investigation destiné à démanteler des trafics de plus grande ampleur, il donne parfois lieu à des saisies spectaculaires, mais celles-ci ne constituent qu'une petite partie de la quantité de cannabis échangée sur le marché, et elles ne produisent pas d'effet sur l'offre globale de produits. Plus problématique encore, les enquêtes en matière de stupéfiants requièrent une proximité entre police et trafiquants lourde d'effets pervers. Elles reposent dans une large mesure sur des informations distillées par des informateurs, eux-mêmes trafiquants en puissance, qui contribuent ainsi à façonner l'action policière. Cette situation multiplie les risques de corruption, comme l'illustrent les procès qui impliquent des agents des forces de l'ordre.

Cannabis et corruption

Le commissaire François Thierry, qui était à la tête de l'Office central pour la répression du trafic illicite des stupéfiants (OCRTIS) de 2010 à 2016, a été récemment mis en examen pour « faux en écriture publique par personne dépositaire de l'autorité publique, complicité de faux, complicité de trafic de stupéfiants et participation à une association de malfaiteurs ». Il est soupçonné d'avoir organisé, avec un de ses informateurs, l'importation de dizaines de tonnes de cannabis en France.

Du point de vue de l'État, les succès affichés dans la lutte contre les trafics de stupéfiants sont souvent à l'origine de maux moins visibles : violence criminelle accrue et corruption policière. S'ajoute à ce constat le sentiment, chez de nombreux acteurs de la lutte anti-drogue, de « vider l'océan avec une petite cuillère ». On ne s'étonnera donc pas que l'hypothèse de la légalisation gagne en crédibilité chez les forces de l'ordre. L'espoir est qu'en substituant la régulation du cannabis à sa prohibition, on parvienne à réduire le profit que les acteurs de la criminalité organisée tirent de son trafic, et par ricochet les nuisances (violences, corruption...) qui en découlent.

On objectera que rien ne garantit que la légalisation ferait entièrement disparaître l'économie informelle du cannabis.

Au contraire, le maintien d'un marché illicite résiduel est probable. La taille de ce dernier dépendrait *in fine* du niveau des prix des produits licites, de la vigueur des politiques de santé publique visant la prévention et la réduction de l'usage, du régime de sanctions prévues en cas d'infraction aux règles établies, des moyens mis en œuvre pour faire respecter ces règles, et de la nature des contraintes réglementaires pesant sur les acteurs du marché légal. De ce point de vue, les déterminants de l'efficacité des politiques de légalisation ne diffèrent guère de ceux de n'importe quelle autre politique de régulation marchande.

DANS CE CHAPITRE

- Le coût social du cannabis
- Le marché du cannabis
- Quelle fiscalité pour le cannabis ?

Chapitre 6

Perspectives économiques de la légalisation

Les économistes, qui s'interrogent depuis plusieurs décennies sur les effets de la prohibition sur l'offre et la demande de drogues illicites, ont récemment fait entendre leur voix dans le débat public sur la légalisation. À côté de travaux classiques qui expliquent les limites des politiques répressives par des mécanismes économiques, de nouvelles recherches formulent des recommandations à partir d'analyses comparées coûts-bénéfices de différentes formes de régulation possibles. Ces études mettent en lumière le coût social du cannabis en distinguant les dommages causés par la consommation de cette drogue et les dépenses publiques consacrées à son interdiction. Ces analyses permettent également d'évaluer le bénéfice que la collectivité pourrait retirer de la dépénalisation ou de la légalisation du cannabis. L'examen économique des conséquences sociales attribuables au marché du cannabis invite ainsi à envisager une sortie de la prohibition pour accroître le « bien-être » collectif.

Réduire le coût social du cannabis

Le calcul du coût social d'un phénomène permet de donner une indication, en termes monétaires, du poids que représente un phénomène pour la collectivité. Cette évaluation économique permet d'informer les gouvernants en éclairant les choix d'engagement de dépenses publiques destinées à traiter tel ou tel problème.

Calculer le coût social du cannabis

S'agissant d'une drogue illicite comme le cannabis, le coût social correspond à la valeur des ressources dont la société se prive du fait des conséquences de la consommation de cette substance. Cette valeur décrit sous une forme monétarisée les coûts des pathologies liées à l'usage de cannabis, supportés par le système de santé, et les coûts externes qui évaluent les ressources « gaspillées » du fait de cette drogue (par exemple, les pertes de production des usagers désocialisés qui ne travaillent pas...). S'y ajoutent les dépenses publiques pour réduire la consommation et combattre les trafics.

La modélisation du coût social du cannabis en France se conçoit aisément en théorie mais cette mise en chiffres est, en pratique, difficile à réaliser. Le calcul est voué à rester approximatif. Il est par exemple impossible, en l'état l'actuel de nos connaissances, d'estimer les conséquences précises de l'usage de cannabis sur le développement de tel ou tel type de pathologie (par exemple, le cancer des poumons). L'absentéisme ou la baisse de la productivité qui résultent de l'abus de cette drogue ne sont pas non plus aisément mesurables.

L'identification des dépenses publiques relatives à la lutte contre le cannabis soulève également des difficultés. Les nomenclatures budgétaires, tant du côté de la santé que du côté de la justice, ne donnent pas précisément à voir quelles sommes sont allouées à quelle activité et à quelle drogue. S'il est possible de se faire une idée de la dépense publique liée au cannabis en élaborant des clés de répartition appropriées, celles-ci restent toutefois l'objet de débats entre scientifiques.

En chiffres

À partir d'une analyse de l'activité des services judiciaires et pénitentiaires, et des dépenses publiques de prévention et de prise en charge évaluant le coût total imputable aux drogues illicites, l'économiste Christian Ben Lakhdar estime à 568 millions d'euros par an la dépense publique engagée pour lutter contre le cannabis. Les actions policières et judiciaires représentent respectivement 70 et 20 % du total. Viennent ensuite les dépenses liées aux douanes et aux services pénitentiaires. Les soins, la prévention et la promotion de la recherche sont les parents pauvres du budget avec moins de 10 % du total.

Comparer les coûts de la prohibition et de la légalisation

L'estimation économique du coût social du cannabis, même si elle manque encore de précision, ouvre la voie à l'élaboration de scénarios dans lesquels l'usage et le commerce de cette drogue sont dépénalisés, voire légalisés. Ces modèles constituent un outil utile d'aide à la décision. Ils permettent en effet de déterminer le coût de l'évolution de la politique des drogues sur un continuum répressif en extrapolant la progression du nombre de consommateurs qui en résulterait.

De manière générale, les économistes estiment que les dépenses publiques devant être assumées pour mettre en œuvre une répression capable d'infléchir durablement la consommation sont si considérables qu'elles ne sont pas sérieusement envisageables. La rationalité instrumentale de la politique prohibitionniste n'est ainsi pas assurée : bien que l'on dépense beaucoup pour interdire le cannabis, on ne dépensera jamais assez pour que l'interdiction produise l'effet recherché.

S'engager dans une logique de dépénalisation, voire de légalisation du cannabis, permettrait en revanche une baisse importante des dépenses publiques. L'activité policière, judiciaire et pénitentiaire liée à la répression de l'usage et des trafics perdrait une partie de sa raison d'être. Certains économistes font valoir que les ressources ainsi dégagées pourraient servir à financer la prévention et le traitement des usages problématiques de cannabis, mais également à organiser le marché licite qui permettrait de réintégrer dans le giron de l'économie légale les richesses produites aujourd'hui par les trafics de cannabis.

Créer de la richesse grâce au cannabis

En dépit de leur caractère illicite, les trafics de stupéfiants sont pris en compte dans les comptes nationaux depuis 2018. Désormais, l'Institut national de la statistique et des études économiques (INSEE) intègre les revenus du cannabis dans le calcul du produit intérieur brut (PIB) français. Autrement dit, il n'est nul besoin de légaliser cette drogue pour qu'elle apparaisse comme contribuant à la richesse nationale. Reste à déterminer la valeur de cette contribution, ce qui n'est pas facile compte tenu du caractère occulte du marché.

Estimation du marché

L'offre, historiquement structurée autour de l'importation de haschich marocain, s'est diversifiée depuis une vingtaine d'années avec le développement de la culture de cannabis en France et en Europe. La méthode d'évaluation la plus robuste pour déterminer le chiffre d'affaires de ce marché consiste à reconstruire les dépenses des usagers à partir des enquêtes épidémiologiques menées en population générale. Sur la base des déclarations des consommateurs, on estime qu'un peu moins de 300 tonnes de cannabis sont consommées annuellement en France, dont 75 % proviendraient de transactions marchandes, le reste étant autoproduit ou issu de dons. Compte tenu du prix de vente de détail du cannabis, le marché représente probablement plus d'un milliard d'euros par an.

En chiffres Selon une étude produite en 2016 par la Mission interministérielle de lutte contre les drogues et les conduites addictives et par l'Institut national des hautes études de la sécurité et de la justice, le marché français du cannabis serait de l'ordre de 809 millions à 1,4 milliard d'euros. En 2020, une note de l'Observatoire français des drogues et des toxicomanies estimait le niveau plancher de ce marché à 1,2 milliard d'euros.

Structure du marché

L'activité économique nourrie par le trafic de cannabis prend des formes très variées et les opérations de revente sont d'une grande diversité. À côté des « fourmis », petits trafiquants qui mènent leur activité de manière indépendante en produisant ou en important des quantités limitées de drogue, des organisations criminelles hiérarchisées, de grande ampleur, contribuent à l'approvisionnement du marché. Ces chaînes de distribution ont généralement à leur tête un individu et se stratifient en un réseau de grossistes, semi-grossistes et revendeurs au détail.

On estime à plus d'un millier le nombre de « têtes de réseau », et à plus de 200 000 le nombre d'individus impliqués économiquement dans ces organisations à un titre ou à un autre (vendeurs, mais également guetteurs, nourrices, transporteurs…).

Le cannabis, « premier employeur de France » ?

La formule du politologue Jérôme Fourquet a connu un franc succès médiatique. Elle n'en est pas moins fausse. En effet, si le nombre d'individus impliqués dans les trafics de cannabis est bien estimé à 200 000, le nombre d'emplois équivalents temps plein du secteur est évalué pour sa part à seulement 20 000.

Le poids de l'économie du cannabis est parfois utilisé comme argument en faveur du maintien du statu quo prohibitionniste. Le taux de rentabilité du trafic, estimé entre 30 % et 40 % des sommes investies, constituerait une bouée de sauvetage pour une partie des habitants des quartiers défavorisés. La légalisation du cannabis risquerait de les appauvrir un peu plus et d'accroître ainsi les risques sécuritaires. Ce raisonnement est néanmoins irrecevable. Contestable sur un plan éthique, car il s'en remet à l'économie criminelle pour résoudre un problème social, il apparaît également erroné sur le terrain factuel. D'une part, en l'absence de territorialisation des données relatives aux trafics de drogues, il est impossible d'établir quelle part des personnes en bénéficiant vit dans les quartiers défavorisés. D'autre part, les trafics de cannabis s'inscrivent dans une économie de la pauvreté : ils ne représentent qu'une part marginale des revenus des habitants et contribuent plus au dépérissement des zones d'habitat social qu'au développement local.

Perspectives de développement

La légalisation, à condition d'être encadrée soigneusement et articulée à la politique de la ville, pourrait en revanche constituer une opportunité économique et sociale pour les quartiers pauvres. En privilégiant la création d'emplois légaux liés au marché licite de cannabis dans des zones urbaines prioritaires, on peut imaginer offrir des opportunités économiques nouvelles aux personnes impliquées dans les trafics illégaux, les éloigner des circuits de la criminalité et interrompre ainsi définitivement des carrières délinquantes.

De manière plus générale, la légalisation laisse espérer le développement de nouvelles filières d'emplois autour de l'industrie du cannabis. Entre la production, qui pourrait être rapatriée en France, les activités de contrôle qualité et de certification des produits, et la distribution, le nombre d'emplois légaux qui pourraient être créés dans l'hypothèse d'une légalisation excède largement, à demande de cannabis inchangée, celui des équivalents temps plein qui permettent aujourd'hui au marché illégal de fonctionner.

En chiffres Dans une note du Conseil d'analyse économique publiée en 2019, l'économiste Pierre-Yves Geoffard évalue entre 27000 et 80000 le nombre d'emplois directs et indirects qui pourraient être créés au sein d'une filière légale du cannabis récréatif en France. Ces emplois, qui donneraient lieu au paiement de cotisations, permettraient en outre de réduire le chômage et les dépenses sociales correspondantes.

L'exercice prospectif consistant à estimer la création de richesse légale à partir d'un marché réglementé du cannabis est hautement spéculatif. Au-delà des évolutions de la consommation, l'incertitude tient notamment à la capacité du commerce légal à se substituer de manière plus ou moins complète au marché noir. Ces deux variables sont elles-mêmes dépendantes des dispositifs de taxation qui seront mis en œuvre.

Taxer l'économie du cannabis

L'argument budgétaire a émergé récemment dans le débat public sur la légalisation, alors qu'il est longtemps resté parfaitement inaudible. Quand l'attention des gouvernements est à la rationalisation de l'action publique et à la mesure de ses résultats, l'argument de l'inefficacité de la prohibition se conjugue à celui des mannes qu'ouvrirait la légalisation. Si la dépénalisation de l'usage du cannabis laisse espérer une baisse des dépenses publiques du fait des économies réalisées par les services répressifs, la légalisation permet pour sa part d'envisager de nouvelles rentrées d'argent pour l'État.

Quelles recettes fiscales ?

En chiffres Au Colorado (5,7 millions d'habitants) où la légalisation date de 2014, les recettes fiscales portant sur le cannabis s'élevaient, en 2018, à 266 millions de dollars. Au Canada, c'est l'équivalent de 125 millions d'euros que le cannabis a rapporté aux caisses de l'État au cours des cinq premiers mois de légalisation. En France, les estimations les plus récentes laissent espérer entre 430 millions et 1,2 milliard d'euros de recettes annuelles en fonction du niveau de taxes imposées.

En amont de la question de la taxation se pose celle de l'organisation du marché : monopole public de production (fermes d'État) et de distribution (magasins d'État) ou commerce concurrentiel plus ou moins réglementé ? Il convient également de déterminer sur quels acteurs faire peser l'impôt : taxes sur les producteurs, sur les grossistes, sur les consommateurs ?

Quelle que soit l'option finalement choisie, il importe de se prémunir contre l'effet d'aubaine que peuvent représenter les recettes de la légalisation pour l'État. L'appétence des pouvoirs publics pour ces rentrées d'argent peut les conduire à privilégier des considérations économiques dans l'établissement de la réglementation fiscale applicable au cannabis. Or, celle-ci n'a pas seulement une finalité budgétaire. Elle constitue également un outil de structuration de l'offre qui doit permettre d'atteindre des objectifs sanitaires et sécuritaires.

Quelle politique fiscale adopter ?

Une stratégie fiscale fréquemment proposée par les partisans de la légalisation consiste, dans un premier temps, à taxer faiblement le cannabis pour concurrencer fortement le marché criminel. Les trafiquants tenteront vraisemblablement de conserver leurs parts de marché, au besoin en réduisant leurs marges de profit. Pour les éliminer, le marché légal doit proposer un prix d'éviction, c'est-à-dire un prix suffisamment bas pour décourager leur activité commerciale illicite.

Une fois les trafics asséchés, il devient possible de se servir de l'outil fiscal dans le cadre d'une politique de santé publique. Il est en effet établi que la consommation de cannabis varie sensiblement en fonction du prix et du revenu. L'élasticité de la demande de cannabis par rapport au prix offre un moyen simple de modérer les usages, de lutter contre les abus, ou d'orienter les consommateurs vers des produits moins concentrés : il suffit de faire varier le taux d'imposition.

Le succès d'une telle stratégie est néanmoins loin d'être assuré, et le maintien d'un marché noir résiduel est probable. À court terme, il faut compter avec les liens de fidélité qui unissent consommateurs et dealers, lesquels peuvent développer des politiques commerciales très concurrentielles. À moyen terme, les trafics de cannabis peuvent également bénéficier d'une baisse de la répression, laquelle a vocation à se réduire à mesure que la réprobation sociale de l'usage de cannabis se réduit dans la société.

En pratique Au Canada, un an après la légalisation, 53 % des consommateurs de cannabis déclaraient obtenir leur cannabis de sources légales, les autres s'en remettant à un trafiquant, un ami ou un membre de la famille.

Si la politique prohibitionniste est particulièrement dispendieuse, l'institution d'un marché légal n'est pas non plus sans coût. Il est illusoire de penser faire l'économie totale des coûts de répression, à moins d'accepter, dans la durée, la coexistence d'un marché légal et d'un marché illégal du cannabis. On peut en revanche espérer que les gains fiscaux réalisés sur les ventes couvrent non seulement les dépenses liées à la régulation du marché mais également celles des programmes d'éducation et de prévention qui doivent nécessairement accompagner la légalisation.

Partie 3
La partie des Dix

Dans cette partie...

L'échec de la prohibition du cannabis ne garantit pas le succès de la légalisation. Abroger l'interdit n'est pas dénué de risques sanitaires et sociaux. Les promoteurs d'une telle réforme, dont les enjeux politiques et culturels sont également importants, peuvent donc s'attendre à de fortes résistances. La légalisation du cannabis peut certes s'accompagner d'importants bénéfices, mais il serait illusoire d'y voir une solution miracle. Elle doit être mûrement réfléchie dans son principe, mais aussi préparée stratégiquement et pensée dans ses détails techniques de mise en œuvre. Dans cette partie, nous présentons des modèles de régulation, proposons des conseils politiques et identifions des leviers réglementaires pour une légalisation réussie du cannabis.

Chapitre 7

Dix politiques de remplacement du statu quo (de la plus répressive à la plus libérale)

Le choix d'un modèle de régulation du cannabis ne se résume pas à l'alternative simpliste entre maintien du statu quo prohibitionniste et autorisation de la production, de la vente et de l'usage de cette drogue. Au même titre que la prohibition peut être plus ou moins répressive, la légalisation peut être plus ou moins contrôlée. Il suffit pour s'en convaincre d'apprécier l'éventail des options réglementaires envisageables, entre un renforcement de la répression dans l'espoir de mieux faire respecter l'interdit, et une libéralisation totale qui aboutirait à la constitution d'un marché légal non réglementé. On peut, entre ces deux extrêmes, identifier de nombreux régimes possibles.

Maintien de l'interdit et renforcement de la répression

Considérée comme l'une des plus répressives d'Europe, la politique française en matière de cannabis pourrait être encore durcie en traquant systématiquement les usagers (par exemple au moyen de tests toxicologiques obligatoires) et en incarcérant plus souvent les consommateurs et plus longtemps les trafiquants. Cette stratégie impliquerait une augmentation significative des ressources consacrées à la répression. Elle exigerait par ailleurs des modifications législatives qui fragiliseraient les droits fondamentaux.

Maintien de l'interdit et allègement (*de facto*) de la répression

L'allègement de la répression ne requiert pas de modifier la législation en vigueur. Une redéfinition de la politique pénale par voie de circulaire est suffisante pour inciter les forces de l'ordre et le ministère public à tolérer les usages simples de cannabis, la détention pour usage personnel et les petits trafics (dans le cas des usagers-revendeurs par exemple) en décourageant les poursuites judiciaires. Cette dépénalisation *de facto*, qui caractérisait la politique française au tournant des années 1970-1980, est encore de mise dans le ressort de certaines juridictions débordées.

Maintien de l'interdit et dépénalisation formelle (*de jure*) de l'usage

Dans un nombre croissant de pays (par exemple en Allemagne, en Espagne, en Italie, au Portugal…), la consommation de cannabis (et par extension la possession pour usage personnel) ne fait pas l'objet de poursuites pénales. Quand elle donne lieu à une réponse de l'État, la détention de petites quantités de cette drogue fait alors l'objet d'une simple sanction administrative ou d'une orientation vers un service d'addictologie. Ces politiques de dépénalisation ne semblent pas avoir occasionné de hausse de la consommation.

Dépénalisation de la vente au détail

La dépénalisation peut être étendue de l'usage à la vente au détail. C'est le modèle hollandais, qui tolère la distribution de cannabis en *coffee shop* sous réserve du respect de règles strictes (interdiction de la publicité, vente de petites quantités, exclusion de toute autre drogue dans les boutiques...). Cette politique, qui encadre efficacement la partie finale de la chaîne d'approvisionnement, renonce en revanche à contrôler la production de cannabis, laquelle est abandonnée aux organisations criminelles.

Autorisation de l'auto-culture individuelle pour usage personnel

Le modèle d'auto-approvisionnement individuel autorise la culture de cannabis à domicile. Cette autorisation peut résulter d'une dépénalisation *de facto* (comme en Belgique) ou d'une légalisation officielle précisant les conditions de cette production. C'est ainsi qu'à Washington, capitale des États-Unis, la vente et l'achat de cannabis sont illégaux mais toute personne âgée de plus de 21 ans a le droit de cultiver jusqu'à six plants de cannabis, dont trois en floraison.

Autorisation de l'auto-culture collective pour usage personnel

Le modèle coopératif dit des « Cannabis Social Clubs » étend le principe d'auto-approvisionnement de l'individu au groupe. Les membres du club organisent collectivement la culture de leur cannabis et se répartissent le produit de la récolte. La distribution s'opère dans un cercle fermé (un club) et ne donne lieu à aucune transaction commerciale. Ce modèle, d'abord expérimenté en Espagne, a depuis été formellement légalisé en Uruguay. Il permet de réduire significativement la part du marché noir tout en évitant le développement d'une production à grande échelle.

Production et distribution assurées par les services de l'État

L'introduction d'un monopole d'État pour la production et la distribution du cannabis implique la légalisation du cannabis et le développement simultané d'une filière de production nationalisée. Le gouvernement se voit conférer la responsabilité exclusive de la culture, de la transformation et de la vente de cannabis, et la met en œuvre en créant un dispositif étatique de production et de distribution. Ce système permet un contrôle rigoureux du marché légal, tant en matière de prix que d'accès aux produits, et de qualité du cannabis.

Attribution de licences à des associations à but non lucratif

L'exploitation du marché du cannabis peut être déléguée par l'État à des acteurs privés au moyen d'un système de licences de production et de distribution. Pour que ces activités soient menées de manière à réduire les risques liés à l'usage de cannabis plutôt qu'à maximiser le profit des détenteurs de licences, celles-ci peuvent être octroyées à des associations à but non lucratif. Ce modèle permet, le cas échéant, d'orienter les revenus de l'économie du cannabis vers des programmes de prévention de l'usage.

Attribution de licences à des sociétés commerciales

L'octroi de licences conférant à des sociétés commerciales le droit de produire et/ou de distribuer du cannabis ouvre la voie à une libéralisation du marché. C'est le modèle choisi par la plupart des pays qui ont légalisé le cannabis récréatif. En subordonnant la délivrance de telles licences au respect d'exigences spécifiques, l'État conserve néanmoins un important pouvoir de contrôle. Il peut limiter plus ou moins drastiquement le nombre d'acteurs économiques et restreindre ainsi le développement du marché tout en facilitant la surveillance de ses principaux protagonistes.

Autorisation de production et de distribution sans licence

L'institution d'un marché concurrentiel sans restriction légale du nombre de producteurs et de distributeurs constitue la forme de légalisation la plus libérale. Elle est elle-même susceptible de degrés en fonction du cadre juridique adopté. En effet, l'État ne peut pas faire l'économie d'une réglementation plus ou moins rigoureuse sur les modalités de production et de distribution du cannabis, par exemple sur le type et la qualité des produits autorisés à la vente ou sur la quantité maximale pouvant être achetée par les clients.

Parmi les options de remplacement de la politique actuelle, certaines sont incompatibles entre elles, mais d'autres peuvent être combinées. On peut ainsi, comme c'est le cas au Canada, autoriser la culture de cannabis à des fins d'usage personnel et attribuer, dans le même temps, des licences de production et de distribution à des établissements publics ou à des sociétés commerciales. La légalisation peut, par ailleurs, s'accompagner d'un renforcement de la répression des trafiquants qui continuent à opérer sur le marché noir.

Chapitre 8

Dix conseils stratégiques pour une réforme apaisée

Si la créativité des juristes est sans limites, certaines stratégies sont clairement déconseillées au regard des connaissances épidémiologiques et criminologiques disponibles. Les experts des politiques des drogues s'accordent ainsi pour considérer que les marchés criminels qui prospèrent sous les régimes prohibitionnistes répressifs, et les marchés légaux peu réglementés qui laissent libre cours aux acteurs économiques, engendrent d'importantes conséquences négatives pour la société et les individus qui la composent. En comparaison, les politiques d'interdiction peu répressives, qui tolèrent et organisent *de facto* la distribution de cannabis, et les marchés légaux lourdement réglementés réduisent significativement les effets sanitaires et sociaux les plus néfastes associés à l'usage de ce produit.

Cette hypothèse peut être représentée dans une courbe en U qui donne à voir la relation entre la politique de contrôle du cannabis et les dommages qu'il occasionne.

Figure 8-1 Représentation graphique des dommages sanitaires et sociaux du cannabis en fonction de la rigueur de la réglementation

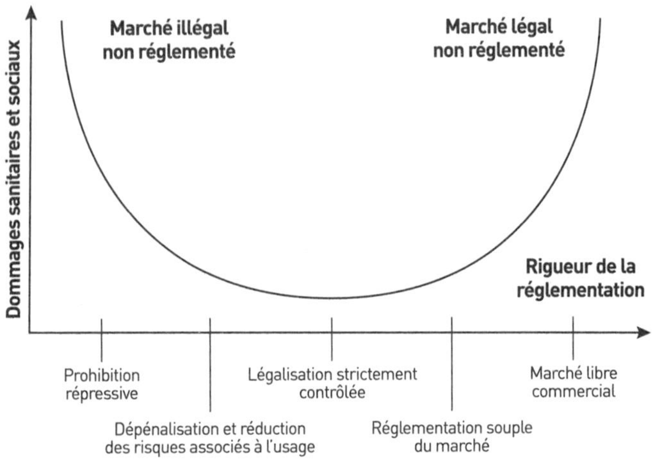

Source : Global Commission on Drug Policy, *Regulation: The Responsible Control of Drugs*, 2018 (http://www.globalcommissionondrugs.org/reports/).

Cette représentation graphique aide à saisir un point essentiel : l'assouplissement de la prohibition ne mène pas nécessairement au chaos social, sanitaire et sécuritaire. Quant à la réglementation du commerce du cannabis, loin d'être le signe d'un renoncement de l'État à protéger sa population, elle peut au contraire apparaître comme un engagement fort au service de la santé et de la sécurité de tous dès lors qu'elle est strictement encadrée. Pourtant, la perspective d'une légalisation du cannabis soulève toujours de fortes résistances. La première étape consiste donc à identifier les conditions de possibilité d'une réforme apaisée.

Dédiaboliser le cannabis

Les risques associés à la consommation de cannabis sont fréquemment utilisés comme argument d'autorité pour disqualifier toute discussion sur le bien-fondé de son interdiction. L'inquiétude que suscite cette drogue n'est pas illégitime, car la dangerosité du cannabis est réelle. Mais ce danger est relatif et le caractère néfaste de cette drogue est, à certains égards, renforcé par la prohibition. Dédiaboliser le cannabis est donc un préalable nécessaire à toute réflexion raisonnable et apaisée sur sa réglementation.

Évaluer scientifiquement la politique prohibitionniste

La réforme de la politique française en matière de cannabis requiert de tirer le bilan du droit en vigueur et de sa mise en œuvre. La prohibition telle qu'elle est appliquée depuis une cinquantaine d'années doit faire l'objet d'une évaluation scientifique portant sur les finalités de l'interdit juridique, les modalités de sa mise en œuvre, et les résultats obtenus en termes de prévalence de l'usage et de volume des trafics. L'analyse, enrichie d'une comparaison internationale, doit permettre d'expliquer le décalage entre les objectifs de la prohibition du cannabis et ses effets concrets.

Définir des objectifs raisonnables

Les connaissances scientifiques produites par l'addictologie et les sciences sociales doivent se voir attribuer un rôle plus important dans la définition de la politique des drogues, afin de substituer aux bonnes intentions des objectifs pragmatiques, à l'échelle desquels les progrès peuvent être mesurés. Il faut renoncer à l'idéal, généreux mais irréaliste, d'une société sans cannabis et se fixer des buts raisonnables, tels que la diminution de l'usage de cette drogue chez les plus jeunes, la réduction des risques et des dommages liés à sa consommation pour les adultes, et la lutte contre la criminalité résultant des trafics.

Écouter la diversité des points de vue et éviter les risques de capture réglementaire

La (re)définition d'une politique publique requiert que tous les acteurs concernés soient associés. Doivent être entendus non seulement les professionnels de la lutte contre la drogue (policiers, magistrats, médecins…) mais également les représentants des consommateurs de cannabis et les élus locaux. Le législateur doit entendre toutes les parties concernées mais ne tomber sous l'emprise d'aucune. Ni l'institution policière, dont les prérogatives ont été renforcées par la guerre à la drogue, ni l'industrie naissante du cannabis, qui nourrit des espoirs de profits colossaux en cas de légalisation, ne doivent faire prévaloir leurs intérêts particuliers sur l'intérêt général.

Prendre en compte la variété des produits et des usages

Des utilisations thérapeutiques aux consommations récréatives, en passant par le développement d'usages dits de confort (le cannabis « bien-être »), les emplois de cette drogue sont variés. Cette diversité de pratiques s'adosse à la multiplicité des variétés de chanvre psychoactif et des produits issus de sa transformation. Une réflexion sur la réforme du droit en vigueur doit prendre en compte ces différences et les traduire sur le terrain réglementaire en créant des régimes juridiques distincts.

Intégrer les contraintes juridiques européennes et internationales

La politique des drogues se déploie dans un champ saturé de normes juridiques internationales et européennes. Ce cadre normatif impose à l'État français le respect de multiples obligations en matière de droits de l'homme, de droit pénal, de droit de la santé et de droit commercial. Ces contraintes, qui sont relativement flexibles, doivent être prises en compte. Si la réforme du droit applicable au cannabis peut être menée de manière unilatérale, elle doit impérativement s'accompagner d'un dialogue multilatéral destiné à préserver les dispositifs de contrôle international des drogues.

Ne pas négliger la justice économique et sociale

La réforme du droit de la drogue présente, outre ses aspects sanitaire et sécuritaire, une importante dimension sociale. L'économie informelle du cannabis constitue une source de revenus significative pour certaines cités et certaines communautés. Une réflexion sur la régulation du cannabis doit explorer les conditions de possibilité d'une participation de ces territoires et de leurs habitants au marché licite, dont ils risquent d'être exclus dans l'hypothèse d'une légalisation. Il convient également de réfléchir aux modalités d'organisation d'une filière de production nationale offrant des opportunités de développement aux territoires ruraux.

Anticiper les enjeux écologiques

La production de cannabis constitue un danger potentiel pour l'environnement. C'est particulièrement le cas de la culture en intérieur, extrêmement gourmande en énergie et dont le bilan carbone est désastreux, mais qui est pourtant privilégiée par les producteurs les plus importants du marché nord-américain. Il convient de décourager ce type de production au profit de cultures en extérieur, même si celles-ci sont moins rentables et moins contrôlables. De manière générale, le cadre réglementaire de la légalisation doit être soumis aux impératifs de la transition écologique.

Privilégier un modèle de réglementation stricte

L'histoire du tabac et de l'alcool témoigne du fait qu'en présence de puissants intérêts industriels, il est plus difficile de durcir la réglementation que de l'assouplir. Le choix politique de légaliser le cannabis doit donc s'accompagner, au moins dans un premier temps, de l'adoption d'un modèle de régulation stricte. Si celui-ci donne de bons résultats, il pourra constituer un exemple à suivre pour les autres drogues licites. Dans le cas contraire, il sera toujours possible de le rendre moins contraignant.

Faire œuvre de pédagogie

La réforme de la politique des drogues est destinée à protéger la société plus efficacement. Elle ne doit pas s'interpréter comme une incitation à la consommation. L'assouplissement de la prohibition du cannabis et, plus encore, sa légalisation doivent s'accompagner d'une campagne d'information et de communication sur le sens (direction et signification) de cette évolution juridique. Cette pédagogie de la réforme doit se prolonger dans des actions de prévention destinées à réduire l'usage de cannabis et les risques et les dommages qui y sont liés.

Chapitre 9

Dix leviers réglementaires pour une légalisation contrôlée

Parallèlement à la construction des conditions de la réforme, il convient d'en préciser le contenu. Quelle voie suivre ? Depuis quelques années, les recettes pour légaliser le cannabis se multiplient : principes directeurs proposés par des commissions d'experts, *vade-mecum* stratégiques publiés par des associations antiprohibitionnistes, normes techniques élaborées par des acteurs professionnels, textes de loi clés en main préparés par des professeurs de droit... Les conseils au législateur ne manquent pas. Mais sur un sujet aussi polémique et complexe, l'expertise scientifique ne saurait prétendre se substituer à la décision politique, laquelle repose *in fine* sur un arbitrage entre des valeurs parfois contradictoires.

Sans prétendre trancher sur le fond du débat concernant la meilleure manière de réglementer le cannabis, on se contentera plus modestement de présenter les leviers d'action à la disposition du législateur. Cette palette d'outils constitue sans doute le meilleur argumentaire en faveur d'une évolution du droit. Elle doit servir à reprendre le contrôle d'un marché qui se déploie aujourd'hui dans la plus complète illégalité, et permettre une meilleure régulation des usages sociaux du cannabis.

Le régulateur

L'établissement d'un marché licite du cannabis requiert l'élaboration d'un cahier des charges détaillé sur les conditions de production et de distribution de ce produit. Le contrôle du respect de ces règles, leur évaluation et leur adaptation doivent être confiés à un ou plusieurs organes de régulation. Plutôt que de s'en remettre directement aux pouvoirs publics, suspects de devenir dépendants des recettes fiscales faciles, la création d'une autorité administrative indépendante ayant la santé publique comme priorité renforcerait la légitimité de l'architecture réglementaire.

La production

Le droit doit garantir la qualité sanitaire du cannabis, réduire les risques d'atteinte à l'environnement (notamment en cas de culture industrielle), et empêcher tout détournement vers le marché illicite. Les pays ayant légalisé le cannabis témoignent de la diversité des modèles de production, plus ou moins concurrentiels, et des dispositifs de contrôle étatique, plus ou moins rigoureux. Quel que soit le cadre adopté, il est souhaitable de tolérer l'autoproduction à des fins d'usage personnel : limitant l'emprise du marché commercial, cette pratique est au demeurant difficile à empêcher.

Le prix

Le contrôle des prix de vente du cannabis légal relève de l'État, qui peut les fixer directement ou indirectement, par voie fiscale. Puissant levier de régulation, la politique des prix doit arbitrer entre des objectifs partiellement contradictoires. Le maintien de prix bas constitue un outil de lutte contre le marché illicite, qui doit ajuster ses tarifs pour rester concurrentiel, quitte à voir sa profitabilité réduite. À l'inverse, l'augmentation des prix permet d'intervenir sur les niveaux d'usage, de rendre certains produits moins abordables que d'autres, et d'accroître les revenus des entreprises de la filière du cannabis.

L'impôt

Indissociable du contrôle des prix, la politique fiscale implique de définir l'élément taxé (poids, concentration en substance active, prix de vente...) et l'activité imposée (la production ou la vente), mais elle porte également, le cas échéant, sur les modalités financières de distribution des licences. Si l'économie légale du cannabis peut générer d'importantes rentrées fiscales, il est préférable d'utiliser l'impôt comme un outil de régulation du marché et de lui fixer des objectifs de santé publique plutôt que de chercher à en maximiser les profits pour l'État.

Les produits

Le cannabis peut être consommé sous forme d'herbe ou de résine, mais également sous forme de préparations alimentaires ou combustibles parfois très concentrées. Afin d'éviter toute dérive commerciale et de protéger les consommateurs contre les risques de surdose, il est préférable de ne pas autoriser à la vente ces produits transformés. De même, il convient, pour des raisons de santé publique, d'exclure du marché légal les variétés d'herbe et les types de haschich dont le fort taux de THC n'est pas corrélé à une teneur élevée en CBD.

La vente

La réglementation de la vente porte d'une part sur les conditions d'accès au produit, la majorité légale constituant l'option la plus raisonnable, et d'autre part sur l'environnement dans lequel les usagers peuvent s'approvisionner. À travers des impératifs de discrétion (pas de façade ostentatoire), une exclusion des autres produits psychoactifs licites (alcool et tabac interdits dans les cannabistrots), des dispositifs de zonage (distance minimale des écoles), et des exigences de conseils (formation des vendeurs), il est possible de conférer aux lieux de vente un rôle important dans la réduction des risques.

La consommation

Comme pour l'alcool, il est souhaitable de décourager les usages de cannabis précoces et les modes de consommation les plus dangereux, tant sur un plan sanitaire que social. On peut aussi choisir de réduire la visibilité de cette pratique. Outre l'interdiction de consommer des mineurs, on peut imaginer de prohiber l'usage de cannabis dans les espaces ouverts au public, tout en l'autorisant dans des espaces collectifs spécifiques, par exemple les lieux de vente, sous réserve d'y privilégier des formes d'absorption à moindre risque (vaporisation, ingestion...).

L'information

Une information claire, objective, et non moralisatrice sur les risques associés à l'usage de cannabis doit être largement diffusée. Aux campagnes de prévention destinées à l'ensemble de la population ou à certains publics à risque, il convient d'adjoindre des dispositifs spécifiques renseignant les consommateurs sur les caractéristiques des produits qu'ils consomment et sur leur dangerosité. Les emballages, qui doivent rester neutres, doivent afficher la teneur en substances actives du cannabis qu'ils contiennent, les modes d'usage les moins nocifs, les contre-indications, ainsi que les adresses de service d'addictologie. D'une manière générale, les compétences des professionnels de la santé publique doivent être abondamment mobilisées sur ces questions.

La publicité

On peut légitimement redouter que l'appât du gain n'incite les opérateurs privés ou publics du marché du cannabis à en promouvoir l'usage. C'est pourquoi, dès lors que la réduction de la consommation compte au nombre des objectifs de la légalisation, celle-ci doit s'accompagner d'une interdiction générale de toute forme de publicité, qu'elle soit directe ou indirecte, y compris s'agissant des activités de sponsoring. Les exemples de l'alcool et du tabac témoignent en effet qu'une simple interdiction partielle de la publicité est insuffisante.

La sécurité routière et la prévention de l'usage dans certains métiers

Le risque routier accru par l'usage de cannabis doit être réduit au minimum. Il faut pour cela réaffirmer le principe selon lequel la conduite automobile est incompatible avec toute forme d'ivresse cannabique, y compris la plus légère. La réglementation doit être adaptée pour permettre la répression des conducteurs sous l'empire du cannabis, tout en évitant, comme c'est le cas aujourd'hui, que ne soient pénalisés ceux qui présentent de simples traces du produit, lesquelles sont détectables plusieurs jours après une consommation dont les effets se sont dissipés depuis longtemps. Dans une veine préventive comparable, une liste de métiers ou d'activités qui ne doivent pas être exercés sous l'empire du cannabis devra être élaborée dans le cadre de consultations incluant tous les acteurs concernés (employeurs, employés, experts en addictologie...).

Bibliographie sélective

Livres

Allain Y.-M., *Chanvre & cannabis. La plante aux deux visages*, Locus Solus, 2019.

Babor T. *et al.*, *Drug Policy and the Public Good (2e éd.)*, Oxford University Press, 2019.

Benjamin W., *Über Haschich: Novellistisches, Berichte, Materialen*, Suhrkamp, 2016.

Ben Lakdhar C., *De l'intérêt de sortir le cannabis des réseaux criminels*, Le Bord de l'eau, 2016.

Berman D. A., *Marijuana Law and Policy*, Carolina Academic Press, 2020.

Booth M., *Cannabis: A History*, Thomas Dunne Books, 2004.

Brochu S., Fallu J.-S., Pelletier M. (dir.), *Cannabis*, Presses de l'université de Montréal, 2019.

Bisiou Y., Caballero F., *Droit de la drogue* (2e éd.), Dalloz, 2000.

Caballero F., *Legalize it !*, L'Esprit frappeur, 2012.

Caulkins J. P., Kilmer B., Kleiman M. R., *Marijuana Legalization: What Everyone Needs to Know* (2e éd.), Oxford University Press, 2016.

Clarke R. C., Merlin M. D., *Cannabis: Evolution and Ethnobotany*, University of California Press, 2013.

Decorte T., Potter G. R., Bouchard M., *World Wide Weed: Global Trends in Cannabis Cultivation and its Control*, Ashgate, 2011.

European Monitoring Centre for Drugs and Drug Addiction, *A Cannabis Reader: Global Issues and Local Experiences* (2 vol.), European Communities Publication, 2008.

Dufton E., *Grass Roots: The Rise and Fall and Rise of Marijuana in America*, Basic Books, 2017.

Galland J.-P., *Fumée clandestine. Le livre du cannabis*, Éditions du Lézard, 2012.

Grosso L. (dir.), *Questione cannabis. Le ragioni della legalizzazione*, Gruppo Abele, 2018.

Guba D. A., *Taming Cannabis: Drugs and Empire in Nineteenth Century France*, McGill-Queen's University Press, 2020.

Moreau de Tours J., *Du hachisch et de l'aliénation mentale*, Fortin, Masson et Cie, 1845.

National Academies of Sciences, *The Health Effects of Cannabis and Cannabinoids. Current State of Evidence and Recommendations for Research*, Washington, 2017.

Obradovic I., Costentin J., Rigaud A., Appel L., *Faut-il dépénaliser le cannabis ?*, Le Muscadier, 2013.

Philibert A., Zobel F., *Revue internationale des modèles de régulation du cannabis*, Université de Genève, 2019.

Richard D., Senon J.-L., *Le Cannabis*, Presses universitaires de France, 2010.

Snyder S.H., *Uses of Marijuana*, Oxford University Press, 1971.

Transform Drug Policy Foundation, *How to Regulate Cannabis: A Practical Guide* (2e éd.), Transform, 2016.

Sites web

Gouvernement canadien, Le cannabis au Canada, URL :
https://www.canada.ca/fr/services/sante/campagnes/cannabis.html

Observatoire européen des drogues et des toxicomanies, Cannabis policy hub, URL :
https://www.emcdda.europa.eu/topics/cannabis-policy

Observatoire français des drogues et des toxicomanies, Synthèse thématique sur le cannabis, URL :
https://www.ofdt.fr/produits-et-addictions/de-z/cannabis/

RAND Drug Policy Research Center, Marijuana Legalization, URL :
https://www.rand.org/well-being/justice-policy/centers/dprc/marijuana.html

Index

E

F

G

H

I

J

L

M

T

U

V

Z